高步瀛集解
吳闓生評點

孟子文法讀本

中華書局印行

孟子文法讀本提要

孟子一書，自來爲人所循誦，以儒家正統，而文章又復雄快爽潔，爲學儒學文必讀之書，注家漢有趙岐，宋有朱熹，至清焦循孟子正義出，箋證之學備矣，而於孟子行文之妙，論政之旨，微言奧義，槪未之及焉，北江先生秉承家學以說孟，舉亞聖論民貴君輕，先歐西新說二千年之旨，抉發至盡，而於孟氏爲文之妙，又無不逐章逐段詳批之，以發其微，示後生學文無不可循之迹，而於孟子游說之先後，時會之錯迕，又無不引摯父先生之說以實之，高步瀛氏加以簡注，可謂讀孟至精至當之書。

中華國學叢書序

我國之有叢書刊行，由來已久，宋代之儒學警悟、百川學海，明代之漢魏叢書、唐宋叢書等皆是也。降及清季，叢書之刊印愈多，讐校亦愈精密，裒拾叢殘，網羅散佚，山潛塚秘，得以羨衍人間，有功文化，蓋非細矣。

慨自宇內糜沸，荼毒日滋，舊有典籍，盡遭刼火。本局爲響應文化復興運動，除將本局前在上海出版之四部備要等古籍，在臺再版發行外，玆復搜集整理有關國學之重要典籍，或爲四部備要所未收入者，或已入備要，而無評注銓釋，可供大衆研讀者，去蕪存菁，陸續出版，定名爲中華國學叢書，版式概以二十四開爲準則，以資整齊畫一，並採原書影印爲主，以輕讀者負擔，倘底本有欠清晰，影印非宜，則據以重排，務求印刷精美，定價低廉，一篇在手，悅目賞心，恒人易辦，流傳自廣，庶於復興文化，稍竭微誠云耳。

中華民國五十八年十二月臺灣中華書局謹識

桐城吳氏國學秘笈序

自姚姬傳氏古文辭類纂出。而文體正。文律嚴。自曾湘鄉經史百家雜鈔出。而文源明。文委顯。姚氏不敢納經史百家于文。而曾氏乃一以貫之。非運之以卓識。持之以至勇。其能不爲謬妄之流所詬病乎。桐城吳摯父先生以姬傳鄉里后進。從湘鄉遊。本其說以文說經。成易說尙書故二書。擧漢學之繁瑣。宋學之空虛。悉掃盪而無餘。糾其訛謬。正其句讀。辨其字句。疏其義蘊。揆以事理。一以文說之。不惟經通。史籍百家亦無不可說矣。以議論莫高于周秦諸子。故次諸子集評。敘述莫善于太史公書。故次史記集評。文體莫備于姚纂。故次古文辭類纂集評。三書出而吾國文章至高之域盡矣。後之學者。苟志乎文。守此已足。不必廣心博騖。而斯文之傳。莫大乎是矣。先師北江先生。秉承家學。復以文說詩。及左氏傳孟子成詩義會通左傳微孟子文法讀本三書。以其先人之說易書高遠。不便初學。乃依其說爲周易大義。尙書大義。鈎弋文句。溝通故訓。往往有三數言訓釋。釐然有當于人心。遠過于經生千百言解說而人仍不能通其義者。此說經之不能不以文通之之微旨也。復以摯父先生所集評三書。精善之極。然繁重深邃。爲成學者言。而非所語于初學。于是本其夙聞于摯父先生者。成古文法、古文範、古文圭臬三書。于詩有古今詩範。精加評點。詳爲解說，于文章之奧竅。抉發無遺。學者苟能于先師之選窺其微。進而再事摯老三書。則文章之事。無待他求矣。夫文之道廣矣。然儷體則華而不實。徵典為難。語體則冗而無節。俚而非雅。欲求先聖治平之道。修齊之方。舍古文莫屬。而言古文自姚曾而後。惟先師父子所評釋為能盡集前人之說而得其要。發其獨具之見而得其微。以淺近簡易之說。闡廣大精微之境。評點愈于解說。探索優于考證。使讀者怡然理順。煥然冰釋。此先師父子以文說經史百家所為獨絕。非餘子所能及也。近世歐美人士多尚吾學。惟以時事史乘為務。以譯本為从入之途。斯不過粗迹耳。苟能由譯籍而通吾語言。進而通吾文字。吾國先賢修己治人之道。治國平天下之謨。通天人之故。達古今之變。無不自文出之。則捄質返文。崇讓已爭。其有平治之一日乎。此吾所冀先師父子之書之能遍行于天下。以救亂息爭。躋天下于太平之域。不僅以文顯。斯則區區之微意也。民國五十八年十二月福州曾克耑。

孟子序略

史記孟子荀卿列傳曰孟軻騶人也受業子思之門人（吳摯甫先生曰漢人皆謂孟子親受業子思蓋皆本史記爲說王劭衍人字是）道既通游事齊宣王宣王不能用適梁梁惠王不果所言則見以爲迂遠而闊於事情當是之時秦用商君富國強兵楚魏用吳起戰勝弱敵齊威王宣王用孫子田忌之徒而諸侯東面朝齊天下方務於合從連衡以攻伐爲賢而孟軻乃述唐虞三代之德是以所如者不合退而與萬章之徒序詩書述仲尼之意作孟子七篇（節錄）

趙岐孟子題辭曰孟子鄒人也名軻字則未聞也（王應麟困學紀聞曰孟子字未聞孔叢子云子車注一作子居亦稱字子輿疑皆附會原注曰聖證論云子思書孔叢子

有孟子居傳子云孟子輿今案顏師古漢藝文志注引聖證論作子車文選劉孝標辨命論李善注引傅子作子輿姓纂又曰字子展皆王氏所謂附會之詞不足信也鄒本春秋邾子之國至孟子時改曰鄒矣國近魯後爲魯所并又言邾爲楚所并非魯也今鄒縣是也或曰孟子魯公族孟孫之後故孟子仕於齊喪母而歸葬於魯也三桓子孫既以衰微分適他國閻若璩孟子生卒年月考曰孟子蓋魯公族孟孫之後不知何時分適鄒遂爲鄒人猶歸葬於魯者太公子孫反葬周之義也然考今孟母墓碑墓在鄒縣北二十里馬鞍山陽又非魯地疑古爲魯地猶魯鄒邑今亦在鄒縣界內二國密邇左傳魯擊柝聞于邾是也孟子生有淑質夙喪其父幼被慈母三遷之教長師孔子之孫子思治儒術之道通五經尤長於詩書周衰之末戰國縱橫用兵爭強以相侵奪當世取士務先權謀以爲上賢先王大道陵

遲隳廢異端並起若楊朱墨翟放蕩之言以干時惑衆者非一孟子閔悼堯舜湯文周孔之業將遂湮微正塗壅底仁義荒怠佞僞馳騁紅紫亂朱於是則慕仲尼周流憂世遂以儒道遊於諸侯思濟斯民然由不肯枉尺直尋時君咸謂之迂闊於事終莫能聽納其說於是退而論集所與高第弟子公孫丑萬章之徒難疑答問又自撰其法度之言著書七篇節錄

先師吳摯甫先生答張星階書曰承示施彥士讀孟質疑謹以愚見平議誤謬記其眉奉納執事伏維照察孟子游仕始末載籍無可考惟太史公書稱其先遊齊後適梁而六國表魏惠王三十五年大書孟子來此與孔

子相魯皆特筆史公所謹記者是年齊宣王八年周顯王三十三年既一年惠王卒子襄王立又十一年而齊宣王卒子湣王立又六年宋君偃爲王是年魏襄王卒子哀王立又四年當周赧王元年魯平公始立而燕噲亂死又二年秦楚構兵秦敗楚將屈匄此諸國事皆與孟子相涉者自魏惠王三十五年至是凡二十四年當孟子初至梁梁惠王謂之曰叟度其年當長於惠王惠王以魏文侯二十五年生生三十而即位即位三十五年年六十五矣孟子又長於惠王其游梁殆且七十也又閱二十四年及見秦楚兵事世以此謂孟子年至高自梁惠王未生時文侯之十八年受經子夏是年爲魯

繆公元年繆公時而子思仕魯孟子長於惠王而子思宜少於子夏漢儒者謂孟子親受業子思度其年故相及也孟子始逮事子思而終見秦楚構兵之事其前後略可考見者如此當太史公時周譜蓋尙在太史公因秦記采世本著所聞爲表其年系決無誤至魏晉閒所傳世本奪亂失魏哀王一代於是汲冢紀年出又以魏襄王在位之十六年歸之惠王爲後改元而司馬溫公作通鑑乃舍史記而從之其取舍已不詳矣及紀齊年則又幷無依據奪湣益威以伐燕歸之宣以求合於孟子於是齊梁二國年系幷失而孟子事始末益淆亂不可明而閻百詩江愼修以來諸說紛紛幷起誤由弃傳

習之明據奮不根之怪論懸改千載上列國之世紀故也如施彥士等殆猶未足比數以近世矜創獲背前載往往曹不審是以非貽誤後生故不可不辨伏惟亮鑒不具　又孟子考證　史記年表魏惠王三十五年孟子來是歲周顯王三十三年齊宣王七年　惠王三十六年卒　魏世家云襄王元年與諸侯會徐州相王也追尊父惠王爲王（以上梁惠王首章）　商君傳云魏惠王兵數破於齊秦國內空日以削恐乃使割河西之地獻於秦以和而魏遂去安邑徙都大梁　史記年表魏惠王三十年齊虜我太子申殺將軍龐涓齊宣王二年敗魏馬陵田忌田嬰田盼將孫子爲師　魏惠王三十一年秦

商君伐我虜公子卬以上晉國章　燕世家將軍市被圍公宮攻子之不克反攻太子市被死以徇因構難數月死者數萬衆人恫恐百姓離志孟軻謂齊王曰今伐燕此文武之時不可失也王因令章子將五都之兵以因北地之衆以伐燕士卒不戰城門不閉燕君噲死齊大勝燕子之亡二年而燕人共立太子平是爲燕昭王　年表齊宣王十九年卒子湣王立燕噲元年當湣王四年　燕君噲五年君讓其臣子之國願爲臣七年君噲及太子相子之皆死是歲周赧王元年齊湣王十年　燕世家燕易王初立齊宣王因喪伐我取十城蘇秦說齊使復歸燕十城黃氏曰鈔以此篇宣王伐齊卽其事某

案反旄倪止重器謀燕衆置君自是子之之亂非易王時僅取十城事也據年表燕噲元年當齊湣王四年燕世家云燕噲既立齊人殺蘇秦蘇秦死而齊宣王復用蘇代此宣王亦當爲湣王傳寫誤耳國策錄史記此文因以爲宣王而說者乃據此以證孟子伐燕之爲宣王不知今所傳之國策乃後人取史記足成之不足據以議史記也以上伐燕章

史記年表湣王三年封田嬰於薛孟嘗君傳同此築薛當在未封田嬰時趙注齊人并得薛築其城以逼於滕是也春秋釋例云薛小國無記世不可知亦不知爲誰所滅據趙此注則薛爲齊滅矣呂覽言貌辨爲靖郭君說宣王云受薛於先王步瀛案見知士

篇戰國策錄之或據以議史記湣王封嬰爲誤不知嬰爲威王少子相齊十年在宣王世史文甚詳若威王時巳封薛史公不應誤以爲湣王封也呂覽宣王或是湣王之誤不足爲據若如其說則齊人築薛乃田嬰田文自築封邑滕何恐乎　春秋釋例云春秋後六世而齊滅滕　漢地理志沛郡公邱故滕國周懿王子錯叔繡所封三十一世爲齊所滅（以上築薛章）　史記年表魯平公元年當周赧王元年即齊破燕殺子噲之歲也距梁惠王三十五年孟子至梁時二十二年（以上魯平公章）　史記年表燕王噲五年君讓其臣子之國願爲臣七年君噲及太子相子之皆死九年燕人共立太子平（以上公孫丑沈同章）

趙注古紀世本滕國有考公麋與文公之父定公相直子元公宏與文公相直以後世避諱改考公爲定公以元公行文德故謂之文公也　禮檀弓篇邾婁考公注考或爲定以上滕定公薨滕文公章　史記宋世家云剔成四十一年弟偃攻襲剔成剔成敗犇齊偃自立爲宋君君偃十一年自立爲王東敗齊取五城南敗楚取地三百里西敗魏軍乃與齊魏爲敵國諸侯皆曰桀宋王偃立四十七年齊湣王與魏楚伐宋殺王偃遂滅宋而三分其地年表宋君偃元年當齊宣王十五年楚懷王元年魏襄王七年周顯王之四十一年也其自立爲王當齊湣王六年魏哀王元年鮑彪言孟子所稱皆剔成後篇稱宋

王則當在君偃稱王之後矣以上宋小國章　楚世家懷王十六年絕和於秦發兵西攻秦秦亦發兵擊之十七年春與秦戰丹陽秦大敗我軍斬甲士八萬虜我大將軍屈匄裨將軍逢侯丑等七十餘人遂取漢中之郡楚懷王大怒乃悉國兵復襲秦戰於藍田大敗楚軍韓魏聞楚之困乃南襲楚至於鄧楚聞乃引兵歸　六國表是歲秦惠文君後十三年齊湣王十二年魯平公三年周赧王三年其前楚懷王十一年山東六國共攻秦楚懷王爲從長至函谷關秦出兵擊六國六國兵皆引而歸齊獨後又前則楚宣王三十年秦封衛鞅於商南侵楚是年宣王卒子威王立秦孝公二十二年魏惠王三十一

年齊宣王三年秦伐魏虜公子卬之歲也此構兵當是楚懷王十六年事以上告子宋牼章　魏世家惠王十七年圍趙邯鄲十八年拔邯鄲趙請救於齊齊使田忌孫臏救趙敗魏桂陵三十年魏伐趙趙告急齊齊宣王用孫子計救趙擊魏魏遂大興師使龐涓將而令太子申爲上將軍與齊人戰敗於馬陵齊虜魏太子申殺將軍涓軍遂大破　田完世家魏伐趙趙與韓親共擊魏趙不利韓請救於齊以上盡心不仁章

謹案史公作孔子世家於生卒出處載之特詳而孟子列傳獨略於是後儒聚訟紛如各以臆斷論其年則有定王安王烈王之爭論其地則有爲鄒爲魯之

爭遊仕則有先齊先梁之爭伐燕則有爲宣爲湣之
爭皆其訟辨之大者史公親見周記取博而擇精趙
邠卿之學雖遠不逮史公而複壁中注孟數年用力
獨勤二子所不能詳者後儒必欲詳之其著明者乃
務反之以爲快不其謬歟國策之誤本汲冢之僞書
據以改史猶且不可何況闕里三遷等志憑虛臆造
之紛紛者乎今節錄史公孟子列傳及邠卿題詞以
存厓略　吳先生孜證孟子事蹟一以史公爲據足
正閻百詩任鈞臺周耕崖曹寅谷狄叔穎諸家踳駁
之說故敬錄如右使學者知所折衷云中華民國二
年一月霸縣高步瀛謹識

孟子文法讀本總目錄

先大夫曰此篇歷游齊梁鄒滕說時君以王道而以不遇終之

何必曰利一句駁倒勁快之極大抵孟子所長最於勁快處見之王曰三句奇妙不測此章通體皆用逆勢轉接奇縱筆力遒勁文法絕非後人所有王曰何以利吾國萬乘之國弒其君者未有仁而遺其親者也三段皆無所因緣平地特起萬乘之國

孟子文法讀本卷第一

霸縣高步瀛集解
桐城吳闓生評點

梁惠王

孟子見梁惠王趙岐孟子注曰梁惠王魏惠王也惠諡也王號也時天下有七王皆僭號者也魏惠王居於大梁故號曰梁王史記六國表魏惠王三十五年孟子來王曰叟不遠千里而來亦將有以利吾國乎趙曰叟長老之稱也孟子去齊老而之魏故王尊禮之今案亦將有以王充論衡刺孟篇引作將何以史記魏世家同孟子對曰王何必曰利亦有仁義而已矣六國表曰王問利國對曰君不可言利王曰何以利吾國大夫曰何以利吾家士庶人曰何以利吾身上下交征利而國危矣趙曰征取也魏世家曰上下爭利國則危矣今案爭利即釋交征利之意萬乘之國弒其君者必千乘之家陸德明左傳釋文曰乘繩證反下同趙曰萬乘兵車萬乘謂天子也千乘謂諸侯也周禮夏官序官家司馬鄭玄注曰家謂卿大夫采地今案天子

一段尤雄快駿厲如層山峻嶺排疊而下萬取千焉三句復拗折以厚其勢未有二句逆提儁斂簡淨收異常斬截

對語雋快足以奪梁王之氣

之卿受地視侯大夫受地視伯故曰千乘之家千乘之國弑其君者必百乘之家趙曰百乘之家謂大國之卿食采邑有兵車百乘之賦者也萬取千焉千取百焉不爲不多矣苟爲後義而先利不奪不饜孫奭孟子音義曰饜一鹽切又於豔切今案饜字本作猒又通作厭周語韋昭注曰厭足也桓寬鹽鐵論地廣篇曰苟先利而後義取奪不厭未有仁而遺其親者也未有義而後其君者也鹽鐵論取下篇宋書禮志載晉王導疏引此二句皆有刪節魏志陳思王植上疏求存問親戚用此二句上下互倒王亦曰仁義而已矣何必曰利舊唐書裴諝傳諝引孟子曰理國者仁義而已何以利爲蓋述其義而不泥其詞也古人引書往往如此

孟子見梁惠王王立於沼上顧鴻鴈麋鹿曰賢者亦樂此乎鴈雁字通詩小雅鴻鴈篇毛傳曰大曰鴻小曰鴈說文曰麋鹿屬孫曰樂音洛下同孟子對曰賢者而後樂此不賢者雖有此不樂也詩云經始靈

覆說詩義以跌出與民偕樂之故用筆不苟文氣亦厚

臺經之營之庶民攻之不日成之經始勿亟庶民子來趙曰詩大雅靈臺之篇也毛傳曰神之精明者稱靈四方而高曰臺經度之也攻作也鄭箋曰不設期日而成之趙佑溫故錄曰古者工必計日左傳宣十一年蔿艾獵城沂量功命日昭二十三年士彌牟營成周量事期皆於事前預爲期限文王使民不勞不急於成功故曰不日成之孫曰亟音棘趙曰文王不督促使之亟疾也衆民自來趣之若子來爲父使也王在靈囿麀鹿攸伏麀鹿濯濯白鳥鶴鶴王在靈沼於牣魚躍詩靈臺毛傳曰麀牝也孫曰麀音憂又引張鎰曰鶴鶴詩本作翯翯戶角切古字假借今依詩本音今案說文引詩亦作翯翯賈誼新書禮篇引詩作皜皜文選景福殿賦皠皠白鳥李善注曰翯與皠音義同廣雅釋訓曰濯濯肥也曜曜白也鶴字亦作鶮又作鸖故翯皜皠曜諸字均可通假於音烏詩大雅文王篇毛傳曰於歎辭孫曰牣音仞丁公著本作仞今案靈臺毛傳曰牣滿也仞牣字通史記殷本記充仞宮室司馬相如傳充仞其中者不可勝紀皆是又案張鎰孟子音義丁公著孟子手音今並佚文王以民力爲臺爲沼而民歡樂之孫曰歡樂本亦作勸樂臧

刻至

琳經義雜記曰左傳昭九年杜注詩大雅言文王始經營靈臺非急疾之衆民自以子義來勸樂爲之正義曰經衆民自以子成父事而來勸樂而早成之耳可知晉唐時本皆作勸樂漢書王莽傳詩之靈臺師古曰始立此臺兆庶自勸就其功作當亦本孟子

謂其臺曰靈臺，謂其沼曰靈沼，樂其有麋鹿魚鼈。古之人與民偕樂，故能樂也。

賈誼新書君道篇曰詩曰經始靈臺庶民攻之云云文王有志爲臺近境之民聞之者裹糧而至問業而作之日日以衆故弗趨而疾弗期而成命其臺曰靈臺命其囿曰靈囿謂其沼曰靈沼愛敬之至也詩曰王在靈囿云云文王之澤下被禽獸洽於魚鼈故禽獸魚鼈攸若攸樂而況士民乎即本孟子爲文

湯誓曰：『時日害喪？予及女偕亡。』

趙曰湯誓尚書篇名也時是也孫曰害張音曷詩葛覃毛傳曰害何也喪蘇浪切孫曰女音汝阮元刻注疏影宋本偕作皆校勘記曰孔本韓本同閩監毛三本作偕史記殷本紀集解引尚書大傳曰桀云天之有日猶吾之有民日有亡哉吾亦亡矣江聲尚書集注音疏曰桀自比於日民即假日以喻桀言是日何時喪乎我將與汝皆亡甚欲桀之亡也

民欲與之偕亡，雖有臺池鳥獸，豈

鄰國二語設想甚奇蓋梁王習聞孟子百里可王之說而心迂其義故舉此折之

入戰事不測填然句突起挺接以下數句文詞閑雅有賦家風味意境爲之一變句法亦多票姚可喜

不違句挺接

能獨樂哉

梁惠王曰寡人之於國也盡心焉耳矣趙曰王侯自稱孤寡漢書東方朔傳顏師古注曰耳語辭河內凶則移其民於河東移其粟於河內河東凶亦然察鄰國之政無如寡人之用心者鄰國之民不加少寡人之民不加多何也焦循孟子正義曰凶謂荒年移民之壯者就食於河東移河東之粟以賑河內之老稚也閻若璩四書釋地曰梁河東今之安邑等縣河內今之河內濟源等縣

孟子對曰王好戰請以戰喻填然鼓之兵刃既接棄甲曳兵而走或百步而後止或五十步而後止以五十步笑百步則何如孫曰填音田趙曰填鼓音也兵以鼓進以金退曰不可直不百步耳是亦走也王引之經傳釋詞曰直但也曰王如知此則無望民之多於鄰國也不違農時穀不可勝食也趙曰使民得三

穀與魚鼈七十者衣帛食肉兩番總束使體勢嚴整王道之始與然而不王句淺深相呼應文法極佳

時務農不違奪其要時孫曰勝音升下同焦曰春秋莊公三十一年秋築臺於秦穀梁傳云不正罷民三時桓公六年左傳云三時不害杜預注云三時春夏秋

數罟不入洿池魚鱉不可勝食也•

趙曰數罟密網也孫曰數七欲切洿音烏小雅魚麗毛傳曰罟必四寸然後入澤梁孔穎達疏謂罟目必四寸是也漢書敘傳注曰洿停水也字與汚通說文小池爲汚太平御覽地部引此文作汚

斧斤以時入山林•材木不可勝用也•

禮記王制曰草木零落然後入山林鹽鐵論通有篇引孟子云不違農時穀不可勝食蠶麻以時布帛不可勝衣也斧斤以時入材木不可勝用田漁以時魚肉不可勝食荀子王制篇曰春耕夏耘秋收冬藏四者不失時故五穀不絕而百姓有餘食也汙池淵沼川澤謹其時禁故魚鱉優多而百姓有餘用•也斬伐長養不失其時故山林不童而百姓有餘材也與孟子說同

穀與魚鱉不可勝食•材木不可勝用•是使民養生喪死無憾也•

趙曰憾恨也周書大聚篇曰禹之禁春三月山林不登斧斤以成草木之長夏三月川澤不入網罟以成魚鱉之長且以幷農力執成男女之功

養生喪死無憾•王道之始也•

五畝之宅句挺接

趙曰王道先得民心民心無恨故言王道之始**五畝之宅樹之以桑**五畝之宅一夫所受也趙曰廬井邑居各二畝半以爲宅漢書食貨志曰井方一里是爲九夫八家共之各受私田百畝公田十畝是爲八百八十畝餘二十畝以爲廬舍春令民畢出在壄冬則畢入於邑韓詩外傳說同何休注公羊許愼著說文范甯注穀梁宋均注樂緯並從之而孔穎達小雅甫田疏據鄭義以難之然漢儒之說各有師承未敢臆斷也周禮遂人鄭玄注載師賈公彥疏引此均作樹之以桑麻閭師疏亦曰樹以桑麻梁書張充與王儉書同以下文之恐非 繹**五十者可以衣帛矣**孫曰衣於既切下文衣帛同周禮載師先鄭注引作則五十者可以衣帛**雞豚狗彘之畜無失其時七十者可以食肉矣**趙曰言孕字不失時也七十不食肉不飽詩小雅無羊疏引作七十者可以食雞豚蓋約上文而言**百畝之田勿奪其時數口之家可以無飢矣**阮刻飢作饑校曰飢監毛本同宋本岳本咸淳衢州本孔本韓本閩本作飢按飢餓之字當作飢饑饉乃饑饉字此當以飢爲正下作不飢毛本正作飢今案內府本並作飢**謹庠序之教申之以孝悌之義頒白**

狗彘以下斥陳當時弊政淋漓沈至筆勢尤軒昂俊偉諶諶逼人是孟子本色文章之挾劍氣者也非我也兵也以下遽咽住不說尤妙否則一瀉無餘反形淺露矣末以正意作收歸合王問加多之意

者不負戴於道路矣。趙曰庠序者教化之宮也殷曰序周曰庠謹脩教化申重孝悌之義頒者班也頭半白班班者也劉熙釋名釋姿容曰負背也置項背也戴載也載之於頭也七十者衣帛食肉。黎民不飢不寒爾雅釋詁曰黎衆也然而不王者。未之有也。王引之經傳釋詞曰然者詞之轉也然而者亦詞之轉也公孫丑篇然而孟施舍守約也今人用然而二字與此同義然而者詞之承上而轉者也猶言如是而也然而不王者謂如是而也今人用然而二字則與此異狗彘。食。人。食。而。不。知。檢。塗。有。餓。莩。而。不。知。發。孫曰莩平表切今案莩字當作芟漢書食貨志贊曰孟子亦非狗彘食人之食不知斂野有餓芟而弗知發顏師古注曰言歲豐熟菽粟饒多狗彘食人之食此時可斂之也又引鄭德曰芟音蔈有梅之蔈芟零落也人有餓死零落者不知發倉廩貸之也管子國蓄篇曰歲適美則市無予而狗彘食人食歲適凶則市糴釜十繦而道有餓民故人君斂之以輕散之以重此斂發之義也錢大昕養新錄曰發斂之法豐歲則斂之於官凶歲則糴之於民記所謂雖遇凶旱水溢民無菜色者用此道也惠王不修發斂之制豐歲任其狼戾一遇凶歉倉廩空虛不得已

殺人兩間側注而入頗極新穎庖有五句意思深痛句語奇詭最是一篇警策之處獸相食數句用襯筆明之以致其惻怛之衷更引仲尼曰一段以深著其意哀惋痛惻筆勢盡情極致尤見聖賢悲憫之誠收句嗚咽淒涼不忍卒讀

爲移民移粟之計自以爲盡心惑矣鹽鐵論水旱篇引作野有餓殍不知收也狗彘食人食不知檢也羅大經引鶴林玉露曰檢一本作斂與漢書同今案斂檢字通人死則曰非我也歲也是何異於刺人而殺之曰非我也兵也孫曰刺七亦切鹽鐵論引作爲民父母民饑而死則曰非我也歲也何異乎以刃殺之則曰非我也兵也王無罪歲斯天下之民至焉趙曰戒王無歸罪於歲責己而改行則天下之民皆可致也

梁惠王曰寡人願安承教承上章而言俞樾羣經平議曰安語辭猶焉字也安焉二字古通用願安承教猶云願焉承教也吳辟疆曰願安猶詩云願言孟子對曰殺人以梃與刃有以異乎曰無以異也趙曰梃杖也孫曰梃丁徒頂切從木阮曰閩本經注並作挺誤今案內府本作梃以刃與政有以異乎曰無以異也曰庖有肥肉廄有肥馬民有飢色野有餓莩此率獸而食人也新序雜事曰庖有肥魚廄有肥馬民有餓色鹽鐵論國池篇曰語曰廚有腐肉國有飢民廄有肥馬路有

象人句加一跌筆然後
折落乃極悲痛之致

餧人揚雄太僕箴曰孟子蓋惡夫廄多肥馬而野有餓殍獸相食且人惡之爲民父
母行政不免於率獸而食人惡在其爲民父母也孫曰惡之
烏路切惡在音烏惡猶安也仲尼曰始作俑者其無後乎爲其象人
而用之也如之何其使斯民飢而死也孫曰俑音勇禮記檀弓篇曰孔
子謂爲俑者不仁不殆於用人乎哉淮南子繆稱篇曰魯以偶人葬而孔子嘆注曰偶人相人也焦曰相人即
象人也又論衡實知篇曰偶人睹殉葬之禍也
梁惠王曰晉國天下莫強焉叟之所知也趙曰韓魏趙本晉六卿當
此時號三晉焦曰楚策張子曰王無求於晉國乎魏策王鍾云此晉國之所以強也是當時稱魏爲晉國及
寡人之身東敗於齊長子死焉孫曰長張丈切下同史記魏世家曰惠王三十
年魏伐趙趙告急齊齊宣王用孫子計救趙擊魏魏遂大與師使龐涓將而令太子申爲上將軍與齊人戰魏敗
於馬陵齊虜魏太子申殺將軍涓軍遂大破西喪地於秦七百里魏世家曰惠王三十

地方句單句作答筆勢勁挺

奇語可駭

此下詳說制梃可撻之故析義明爽尤實透快

一年秦趙齊共伐我秦將商君詐我將軍公子卬而襲奪其軍破之秦用商君東地至河而齊趙數破我安邑近秦於是徙治大梁商君傳曰魏惠王兵數破於齊秦國內空日以削恐乃使使割河西之地獻於秦以和而魏遂去安邑徙都大梁**南辱於楚**周柄中四書典故辨正曰魏世家及楚世家惠王在位三十六年未嘗與楚構兵惟戰國策載魏圍趙邯鄲楚使景舍救趙取魏睢濊之閒乃惠王時事此爲南辱實證今案景舍事見楚策**寡人恥之願比死者一洒之如之何則可**孫曰洒丁音洗謂洗雪其恥也焦曰廣雅釋詁云比代也阮一作壹校曰孔本韓本考文古本同閩監毛三本作一今案作內府本作壹**孟子對曰地方百里而可以王王如施仁政於民省刑罰薄稅斂深耕易耨**孫曰省所梗切易以豉切耨奴豆切字亦作薅趙曰易耨芸苗令簡易也**壯者以暇日脩其孝悌忠信入以事其父兄出以事其長上可使制梃以撻秦楚之堅甲利兵矣**制卽執也淮南主術篇曰人主之所以執下注曰執制今案制執二字古多通用**彼奪其民時使**

切中事情最見孟子真實本領彼陷溺其民句加入一語氣勢愈厚周秦文字樸茂處多得力於此

氣象俊偉詞旨深痛天下莫不與也王知夫苗

不得耕耨以養其父母父母凍餓兄弟妻子離散趙曰彼謂齊秦楚也孫曰養餘亮切彼陷溺其民王往而征之夫誰與王敵陸德明左傳釋文曰夫音扶發句之端後放此故曰仁者無敵王請勿疑

孟子見梁襄王魏世家曰三十六年惠王卒子襄王立出語人曰望之不似人君就之而不見所畏焉孫曰語魚據切今案左傳襄三十一年曰有威而可畏謂之威有儀而可象謂之儀不似人君不見可畏言無威儀也卒然問曰天下惡乎定吾對曰定於一孫曰卒七沒切漢書成帝紀顏注曰卒讀曰猝孰能一之朱子孟子集注曰王問也對曰不嗜殺人者能一之後漢書黨錮傳章懷注曰嗜猶好也孰能與之朱曰王復問也齊語韋昭注曰與從也對曰天下莫不與也王知夫苗乎七八月之間旱則苗槁矣趙曰周七八月夏之五六月天油然作雲沛然下雨則苗浡然興之矣趙曰油然興雲之貌孫曰沛字

乎則苗槁矣則苗浡然興之矣及今夫以下六七句虛神蕩漾處皆抗起聲棱票姚俊偉使光氣赫然騰躍紙上孟子之文之得陽剛之美者類此等也學者宜留意研究之

此孟子中長篇文字其氣度舂容大雅章法頓挫跌宕之妙最可玩

亦作霈浡音勃朱曰沛然雨盛貌廣雅釋詁曰浡盛也說苑復恩篇曰天油然作雲沛然下雨則苗草興起莫之能禦其如是孰能禦之趙曰禦止也今夫天下之人牧未有不嗜殺人者也如有不嗜殺人者則天下之民皆引領而望之矣朱曰人牧謂牧民之君也領頸也誠如是也民歸之由水之就下沛然誰能禦之孫曰由與猶同古字通用釋名釋水曰水從河出曰雍沛言在河岸限內時見雍出則沛然也

齊宣王問曰齊桓晉文之事可得聞乎趙曰宣諡也孟子冀得行道故仕於齊齊不用而去乃適於梁建篇先梁者欲以仁義為首篇因言魏事章次相從然後道齊之事也孟子對曰仲尼之徒無道桓文之事者是以後世無傳焉臣未之聞也荀子仲尼篇曰仲尼之門人五尺之豎子言羞稱乎五伯彼以讓飾爭依乎仁而蹈利者也董仲舒春秋繁露對膠西王曰仲尼之門五尺之童子言羞稱五伯為其詐以成功苟為而已也與孟

徐徐而來引人入勝
保民二字是全章綱領
直注章末一意貫串
胡齕一段開拓
是心句拍合隨手跌出
不忍二字生波

子說同無以則王乎以已古同字詩風雨鄭箋曰已止也曰德何如則可以
王矣曰保民而王莫之能禦也趙曰保安也曰若寡人者可
以保民乎哉曰可曰何由知吾可也曰臣聞之胡齕曰
王坐於堂上有牽牛而過堂下者王見之曰牛何之對
曰將以釁鐘趙曰胡齕王左右近臣也新鑄鐘殺牲以血塗其釁郄因以祭之曰釁孫曰齕恨沒
切釁許覲切阮鐘作鍾校曰宋九經本咸淳衢州本閩本同孔本韓本監毛本作鍾下音義出鍾與知此經亦
當作鍾今案內府本作鍾王曰舍之吾不忍其觳觫若無罪而就死
地孫曰觳觫丁音斛速王念孫廣雅疏證曰廣韻云嫋觫死貌出廣雅又見玉篇此觳觫義與嫋觫同王[illegible]
易注曰若詞也今案謂語詞也對曰然則廢釁鐘與曰何可廢也以羊
易之不識有諸孫曰鍾與音餘下何與心與聞與甚與口與體與目與前與皆同曰有
之曰是心足以王矣百姓皆以王爲愛也臣固知王之

不忍也。趙曰愛嗇也 王曰。然。誠有百姓者。齊國雖褊小。吾何愛一牛。卽不忍其觳觫。若無罪而就死地。故以羊易之也。誠有百姓者謂誠有如百姓所言者 曰。王無異於百姓之以王爲愛也。以小易大。彼惡知之。王若隱其無罪而就死地。則牛羊何擇焉。趙曰異怪也隱痛也 王笑曰。是誠何心哉。我非愛其財而易之以羊也。宜乎百姓之謂我愛也。焦曰而易之以羊也與宜乎一氣接下 曰。無傷也。是乃仁術也。見牛未見羊也。君子之於禽獸也。見其生。不忍見其死。聞其聲。不忍食其肉。是以君子遠庖廚也。趙曰孟子曰無傷於仁是乃王爲仁之道也孫曰遠于萬切賈誼新書禮篇曰禮聖王之於禽獸也見其生不忍見其死聞其聲不嘗其肉隱弗忍也故遠庖廚仁之至也又保傅篇曰其於禽獸也見其生不忍其死聞其聲不嘗其肉故遠庖廚所以長恩且明有仁也 王說曰。詩云。他人

以上爲第一段就易牛一事發明王之不忍末句拍合章旨便遞入第二段

又開

今恩句一篇主腦止以正意不肯輕落乃作如許波折頓宕而出之然則以下纔落又提再加跌宕之筆以盡其勢

又開

有心予忖度之夫子之謂也孫曰說音悅趙曰詩小雅巧言之篇也陸德明釋文曰忖七損反度待洛反夫我乃行之反而求之不得吾心夫子言之於我心有戚戚焉此心之所以合於王者何也趙曰戚戚然心有動也曰有復於王者曰吾力足以舉百鈞而不足以舉一羽明足以察秋毫之末而不見輿薪則王許之乎曰否趙曰復白也百鈞三千斤也許信也今恩足以及禽獸而功不至於百姓者獨何與然則一羽之不舉爲不用力焉輿薪之不見爲不用明焉百姓之不見保爲不用恩焉故王之不王不爲也非不能也今恩以下孟子言也曰不爲者與不能者之形何以異朱曰形狀也曰挾太山以超北海語人曰我不能是誠不能也孫曰挾音協超或作趨後漢書馮衍傳張晧王龔傳注並引太山作泰山閻曰

老吾老句挺接勁峭以下絕大經緯堂堂正正而出之光明俊偉是孟子平生本領踏實發見處

蘇秦說齊宣王齊南有太山北有渤海左傳君處北海太山北海皆取齊境內之地設譬耳焦曰墨子兼愛篇云挈太山以超江河生民以來未嘗有也蓋當時有此語墨子之書孟子未必引之

爲長者折枝。語人曰。我不能。是不爲也。非不能也。

趙曰折枝案摩折手節解罷枝也後漢書張晧王龔傳注引劉熙注孟子曰折枝若今之按摩也禮記內則敬抑搔之鄭注曰抑按搔摩也蔣仁榮孟子音義攷證曰屈抑枝體調和血脈乃少佚事長賤事貴之常禮今案劉熙孟子注今佚

故王之不王。非挾太山以超北海之類也。王之不王。是折枝之類也。

後漢張晧王龔傳注引此段文多不同疑以意點竄略之

老吾老以及人之老。幼吾幼以及人之幼。天下可運於掌。

趙曰老猶敬也幼猶愛也天下可轉之掌上言其易也後漢紀孝安帝紀陳忠疏引作老以及老幼以及幼晉書段灼傳引無句首老幼字

詩云。刑于寡妻。至于兄弟。以御于家邦。言舉斯心加諸彼而已。

趙曰詩大雅思齊之篇也毛傳曰刑法也吳辟畺曰寡妻謙詞猶書之言寡兄也今案廣雅釋詁曰御進

今恩句迴顧一筆以取蕩瀁之致神味淵永以上爲第二段承上不忍暢發推恩保民之義是爲正面發揮然尚係虛擬而未著實際以便讓出第四段地步
轉筆奇變不測絕處逢生後世文家陰柔陽剛兩派必有所偏孟子則兼擅其勝讀此等處可悟
肥甘以下波瀾層折三代以上之文最重此等所以氣厚勢雄光色璀璨左傳國語國策無不皆然後人率意下筆一瀉無餘又質闇而無華采乃日趨衰颯無復可

也故推恩足以保四海不推恩無以保妻子古之人所以大過人者無他焉善推其所爲而已矣（說苑貴德篇引作推恩足以及四海不推恩不足以保妻子古人所以大過人者無他焉善推其所有而已）今恩足以及禽獸而功不至於百姓者獨何與權然後知輕重度然後知長短物皆然心爲甚王請度之（廣雅釋器曰錘謂之權漢書律曆志曰度者分寸尺丈引也所以度長短也孫曰度之符洛反）抑王興甲兵危士臣構怨於諸侯然後快於心與（趙曰抑辭也俞曰抑之爲辭承上意而進之也詩采芑傳天下之士箋曰軍士也）王曰否吾何快於是將以求吾所大欲也曰王之所大欲可得聞與王笑而不言曰爲肥甘不足於口與輕煖不足於體與抑爲采色不足視於目與聲音不足聽於耳與便嬖不足使令於前與王之諸臣皆足

觀矣頓出本懷特用重筆壓下以盡其量以若所爲三句隨即駁倒無一隙鬆懈所謂搏虎捕蛇急與之角而不敢暇

以供之而王豈爲是哉孫曰便婢綿切嬖音臂曰否吾不爲是也曰然則王之所大欲可知已欲辟土地朝秦楚莅中國而撫四夷也孫曰辟音闢今案辟闢字通趙曰莅臨也說文曰撫安也以若所爲求若所欲猶緣木而求魚也荀子王霸篇楊倞注曰若如此也廣雅釋詁曰緣循也王曰若是其甚與曰殆有甚焉殆語詞王引之曰有猶又也言殆又甚焉緣木求魚雖不得魚無後災以若所爲求若所欲盡心力而爲之後必有災曰可得聞與曰鄒人與楚人戰則王以爲孰勝曰楚人勝曰然則小固不可以敵大寡固不可以敵衆弱固不可以敵彊海內之地方千里者九齊集有其一以一服八何以異於鄒敵楚哉吳辟畺曰集與僅音近古人音近之字多得通借又集有止義鳥之棲止曰集止亦僅也集之爲僅今字書失其詁是集義所生者集字

以上爲第三段抑制王之侈心末句反本又遞入第四節

詞旨深痛藹然仁者之言

疑與此同蓋亦反其本矣焦曰蓋與盍古通史記孔子世家夫子蓋少貶焉檀弓子蓋慎諸並以盍爲蓋此從閩監毛孔諸本作盍韓本足利本作盍蓋與盍同也王引之曰盍何不也字亦作蓋今王發政施仁使天下仕者皆欲立於王之朝耕者皆欲耕於王之野商賈皆欲藏於王之市行旅皆欲出於王之塗孫曰賈音古周禮太宰鄭注曰行曰商處曰賈天下之欲疾其君者皆欲赴愬於王其若是孰能禦之孫曰愬音訴俞曰欲疾猶好惡也天下之好惡其君莫不來告故曰皆欲赴愬於王王曰吾惛不能進於是矣願夫子輔吾志明以教我我雖不敏請嘗試之孫曰惛音昬焦曰惛與昬同阮惛作惽校曰石經作惽今案內府本作惽曰無恆產而有恆心者惟士爲能若民則無恆產因無恆心苟無恆心放辟邪侈無不爲已趙曰恆常也恆產常可以生之業也恆心人所常有善心也孫曰辟音僻後張尺氏切丁作移及陷於罪然

後從而刑之。是罔民也。焉有仁人在位。罔民而可爲也。趙曰是罔民也是由張羅罔以罔民者也孫曰罔張如字丁作司焉於虔切阮曰司何古通用蔣曰罔俗作冈形近司致訛是故明君制民之產。必使仰足以事父母。俯足以畜妻子。樂歲終身飽。凶年免於死亡。然後驅而之善。故民之從之也輕。孫曰畜許六切趙曰輕易也今也制民之產。仰不足以事父母。俯不足以畜妻子。樂歲終身苦。凶年不免於死亡。此惟救死而恐不贍。奚暇治禮義哉。惟通作雖禮記表記唯天子受命於天鄭注曰唯當爲雖荀子性惡篇然則唯禹不知仁義法正楊注曰唯讀爲雖莊子庚桑楚篇唯蟲能蟲釋文曰唯一本作雖是也呂覽順民篇高誘注曰贍猶足也王欲行之。則盍反其本矣。五畝之宅。樹之以桑。五十者可以衣帛矣。阮曰石經諱樹作植今案荀子大略篇注引矣作也雞豚狗彘之畜。無失其時。七十者

以上爲第四段正論王道之易行而以制產足民爲始卽孔子富而後教之義

正意止與民同樂一句起從莊暴閒閒引入獨樂樂一段先虛籠大意臣請爲王言樂重頓一句斯入正意矣乃猶止鋪陳鼓樂田獵情事卻從百姓聞見中摹繪其憂喜之狀怨慕之聲聲態迸出至兩無他句始跌出同樂不同樂之故氣韻紆徐風情閑美是文家得陰柔之美者也

可以食肉矣百畝之田勿奪其時八口之家可以無飢矣趙曰八口之家次上農夫也謹庠序之教申之以孝悌之義頒白者不負戴於道路矣老者衣帛食肉黎民不飢不寒然而不王者未之有也趙曰孟子所以重言此者乃王政之本常生之道故爲齊梁之君各具陳之

莊暴見孟子曰暴見於王王語暴以好樂暴未有以對也曰好樂何如趙曰莊暴齊臣也孫曰暴見賢遍切下他日見同語丁音御好呼報切孟子曰王之好樂甚則齊國其庶幾乎詩瞻卬鄭箋曰幾近也朱曰言近於治他日見於王曰王嘗語莊子以好樂有諸王變乎色曰寡人非能好先王之樂也直好世俗之樂耳曰王之好樂甚則齊其庶幾乎今之樂由古之樂也由與猶通阮曰由監

收一句歸入王道使前半齊其庶幾等意暸然呈露章法完密而奇王之好樂甚二句倒戟而入神味邈然

意翔雲表聲溢紙背凡正面文字須得此訣乃不流于滯腐至其句調色澤之美使人如讀馬揚諸賦忘其爲經籍之文則在本書猶爲餘技

兄弟妻子離散下截得斬絕再著一語不得多則滯著而其氣不能翔翥矣

毛本韓本同石經宋本岳本咸淳衢州本孔本考文古本由作猶曰可得聞與趙曰王問孫曰與音餘下與病與同曰獨樂樂與人樂樂孰樂曰不若與人曰與少樂樂與衆樂樂孰樂曰不若與衆孫曰樂樂丁上音岳下音洛又曰孰樂音洛臣請爲王言樂孫曰爲于僞切朱曰此以下皆孟子之言今王鼓樂於此百姓聞王鐘鼓之聲管籥之音舉疾首蹙頞而相告曰吾王之好鼓樂夫何使我至於此極也父子不相見兄弟妻子離散趙曰鼓樂者樂以鼓爲節也疾首頭痛也蹙頞愁貌孫曰丁云舉猶皆也蹙子亦反頞音遏今案說文曰頞鼻頸也人有憂愁則鼻莖蹙縮也離騷王逸注曰極窮也今王田獵於此百姓聞王車馬之音見羽旄之美舉疾首蹙頞而相告曰吾王之好田獵夫何使我至於此極也父子不相見兄弟妻子離散此無他不與民同樂也說文曰旄幢也朱駿

此尤軒翥生動眉飛色舞讀之幾欲奮翼高翔

收絕峭淨

句句逆

聲說文通訓定聲曰旄𢇁竿飾也本用犛牛尾注於旗之竿首故曰旄後又用羽或兼用犛與羽焉孫曰同樂音洛今王鼓樂於此百姓聞王鐘鼓之聲管籥之音舉欣欣然有喜色而相告曰吾王庶幾無疾病與何以能鼓樂也今王田獵於此百姓聞王車馬之音見羽旄之美舉欣欣然有喜色而相告曰吾王庶幾無疾病與何以能田獵也此無他與民同樂也今王與百姓同樂則王矣後漢書馬融傳注引末句同下有其字

齊宣王問曰文王之囿方七十里有諸呂覽重己篇高誘注曰畜禽獸所大曰苑小曰囿淮南子本經篇注曰有牆曰苑無牆曰囿孟子對曰於傳有之孫曰傳直戀切釋名釋典藝曰傳傳也以傳示後人也詩靈臺疏引作書傳有之文選羽獵賦李善注引無於傳二字曰若是其大乎曰民猶以為小也曰寡人之囿方四

臣始至境句逆接
臣始臣聞作兩層波磔
以厚其勢此三代常法
後人不解此皆放筆爲
直幹矣
則是十一字長句簡勁
峭拔全章語潔而意盡

十里民猶以爲大何也穀梁傳成十八年疏孟子稱文王囿七十里寡人三十里三蓋四字之誤曰文王之囿方七十里芻蕘者往焉雉兔者往焉與民同之民以爲小不亦宜乎說文曰芻刈草也蕘薪也趙曰芻蕘者取芻薪之人也雉兔者獵人取雉兔者也文選上林賦郭璞注引此往焉均作往也臣始至於境問國之大禁然後敢入禮記曲禮篇曰入竟而問禁臣聞郊關之內有囿方四十里殺其麋鹿者如殺人之罪閻曰杜子春曰五十里爲近郊百里爲遠郊郊關自屬遠郊關在於此則去城百里也則是方四十里爲阱於國中民以爲大不亦宜乎孫曰阱才性反周禮雍氏鄭注曰阱穿地爲塹所以禦禽獸其或超踰則陷焉世謂之陷阱爲阱國中言陷民於罪如陷阱之陷禽獸也世說新語政事篇劉孝標注引作是以四十里爲穽於國中也文選魏都賦劉逵注引亦無方字

齊宣王問曰交鄰國有道乎孟子對曰有惟仁者爲能

事大事小亦所以抑王之侈心也

此文分作兩節前半樂天畏天斂鋒戢鍔如不欲露後半一怒而安天下之民光燄迸出一抑一揚而文字亦臻極詣矣

以大事小是故湯事葛文王事混夷湯事葛事見後篇孫曰混丁音昆混夷犬戎別名詩皇矣箋曰混夷西戎國名也緜孔疏引帝王世紀曰文王受命四年周正丙子混夷伐周一日三至周之東門文王閉門修德而不與戰此事混夷之事也阮曰音義石經廖本孔本韓本作混夷閩監毛三本作昆夷非也惟智者爲能以小事大故大王事獯鬻句踐事吳趙曰獯鬻北狄彊者大王去邠避獯鬻史記匈奴列傳集解引晉灼曰堯時曰葷粥周曰獫狁秦曰匈奴大王事見後篇孫曰大音泰丁云獯音熏鬻音育阮曰音義石經廖本孔本韓本作大閩監毛三本作太非左傳哀元年曰吳王夫差敗越於夫椒遂入越越子以甲楯五千保於會稽使大夫種因吳太宰嚭以行成史記越王句踐世家曰句踐請爲臣妻爲妾越語曰其身親爲夫差前馬皆事吳之事也以大事小者樂天者也以小事大者畏天者也樂天者保天下畏天者保其國詩云畏天之威于時保之趙曰詩周頌我將之篇鄭箋曰于於時是也王曰大哉言矣寡人有疾寡人好勇朱曰言以好勇故不能事

撫劍疾視數句情態溢出是趣味文字　吾論文章以生氣奮動處爲獨絕嘗求之古今諸文家而不可數得至孟子則觸處發見左傳莊子亦然此三代以上之文之所以不可及也

大而卹小也對曰王請無好小勇夫撫劍疾視曰彼惡敢當我哉此匹夫之勇敵一人者也王請大之趙曰疾視惡視也孫曰惡音烏詩云王赫斯怒爰整其旅以遏徂莒以篤周祜以對于天下此文王之勇也文王一怒而安天下之民趙曰詩大雅皇矣之篇也爾雅釋詁曰爰於也徂往也遏毛詩作按莒作旅傳曰按止也旅地名也釋文曰按本又作遏遏按皆訓止陳奐毛詩傳疏曰止當如乃止齊焉之止謂步伐有節止也旅作莒如膂篆作呂之例韓子難二篇文王侵孟克莒舉酆克莒即徂旅也旅爲密須國之地名趙謂遏止徂旅之寇失之今案以篤周祜詩作以篤于周祜箋曰篤厚也祜福也毛傳曰對遂也言以遂天下仰望之心也書曰天降下民作之君作之師惟曰其助上帝寵之四方有罪無罪惟我在天下曷敢有越厥志一人衡行於天下武王恥之此武王之勇也而武王亦一怒而安天下之民趙曰書尚書逸篇也

衡横也孫曰衡丁音横今案衡横字通書言天降監下民為作之君師惟曰其助上帝故尊寵之於四方有罪與否一身任之武王自任也武王恥天下有一人衡行不順天道者故伐紂也今王亦一怒而安天下之民民惟恐王之不好勇也新序雜事以此合好色章有王若好勇於王何有之語且以為答梁惠王語太平御覽人事部引寡人有疾寡人好勇亦以為梁惠王語皆誤

齊宣王見孟子於雪宮趙曰雪宮離宮之名也文選雪賦注引劉熙注同元和郡縣志曰齊雪宮故址在青州臨淄縣趙佑曰蓋齊宣王館孟子於雪宮而來就見也王曰賢者亦有此樂乎朱曰樂音洛下同今案賢者指孟子也孟子對曰有人不得則非其上矣不得而非其上者非也為民上而不與民同樂者亦非也樂民之樂者民亦樂其樂憂民之憂者民亦憂其憂樂以天下憂以天下然而不王者未之有也昔者齊景公問於晏子曰吾欲觀於轉附朝儛遵海而南

放於琅邪吾何修而可以比於先王觀也趙曰轉附朝儛皆山名也遵循也放至也琅邪齊東南境上邑也景公言當何修治可以比先王之遊觀乎孫曰儛音舞放方往切琅音郎邪以嗟切閻曰今諸城縣東南一百五十里有琅邪山山下有城即其處焦曰史記秦始皇紀二十八年並勃海以東過黃腄窮成山登之罘立石頌秦德焉而去南登琅邪漢書郊祀志後五年東幸琅邪禮日成山登之罘浮大海司馬相如子虛賦云觀乎成山射乎之罘晉灼曰之罘山在東萊腄縣蓋之罘即轉附也之與轉一聲之轉罘與附古音通朝儛即成山也于欽齊乘云召石山在文登之東朝召古通儛石聲近今案續漢書郡國志劉昭注引作吾循海而南放乎琅邪晏子對曰善哉問也天子適諸侯曰巡狩巡狩者巡所守也諸侯朝於天子曰述職述職者述所職也無非事者春省耕而補不足秋省斂而助不給趙曰言天子諸侯出必因王事有所補助於民無非事而空行者也孫曰省悉井切夏諺曰吾王不遊吾何以休吾王不豫吾何以助一遊一豫

爲諸侯度。朱曰夏諺夏時之俗語也爾雅釋詁曰休息也說文曰度法制也晏子春秋問篇下曰春省耕而補不足者謂之遊秋省實而助不給者謂之豫休謂休息耕者助謂助不給也管子戒篇亦曰春出原農事之不本者謂之遊秋出補人之不足者謂之夕豫夕古音近易序卦孔疏引鄭玄注引吾王不遊四句王並作君左昭二年疏引服虔注引夏諺一遊一豫二句豫作譽今也不然。師行而糧食。飢者弗食。勞者弗息。睊睊胥讒。民乃作慝。方命虐民。飲食若流。流連荒亡。爲諸侯憂。吳先生曰今也以下四言有韻詞甚古樸亦夏諺之詞也故流連荒亡四字晏子釋之否則自言自解非古人義法矣趙曰人君與師行軍皆遠轉糧食而食之有飢不得飽食勞者致重亦不得休息在位者又睊睊側目相視更相讒惡民由是化之而作慝惡也方猶放也放棄不用先王之命但爲虐民之政恣意飲食若水流之無窮極也流連荒亡皆驕君之溢行也孫曰睊字亦作謂張古縣切從流下而忘反謂之流。從流上而忘反謂之連。從獸無厭謂之荒。樂酒無厭謂之亡。此晏子釋上夏諺之義也孫曰厭丁一兼切今案從獸謂田獵猶易所謂從禽也焦曰翼孟音解讀樂酒若樂山樂水樂酒卽好酒也俞曰亡與芒通昧也荒亡猶流連也流連雙聲荒亡疊韻皆古之恆言先王無流連之樂荒亡之行。惟君所行也。趙曰晏子之意不欲景公空遊於琅邪而無益於民也孫曰行下孟切景公說。大戒於國。出舍於郊。於是始興發。補不足。趙曰景公說晏子之言也戒備也大修戒備於國出舍於郊示憂民困始興惠政發倉廩以賑貧困不足者也孫曰說音悅下同召大師曰。爲我作君臣相說之樂。蓋徵招角招是也。趙曰大師樂師也徵招角招其所作樂章名也孫曰招張音韶招韶字通今案大各本作太阮曰石經作大其詩曰。畜君何尤。畜君者。好君也。趙曰其詩樂詩也何尤無過也王念孫曰說文嫿媚也孟康注漢書張敞傳云北方人謂媚好爲詡畜畜與嫿通說文媚說也故媚好謂之畜相說亦謂之畜又謂之好今案此篇之文晏子問篇下管子戒篇皆小有同異翟灝四書考異曰管晏二書俱有後人附託或反從孟子襲入之歟齊宣王問曰人皆謂我毀明堂毀諸已乎趙曰謂泰山下明堂本周天子東巡狩朝諸侯之處也齊侵地而得有之人勸宣王諸侯不用明堂可毀壞故疑而問於孟子已止也閻曰封禪書太山東北阯古時有明堂處是古明堂至漢武時猶有遺蹤魏書賈思伯傳引孟子云齊宣王謂孟子曰吾欲毀明堂孟子對曰夫明堂者王者之堂也王欲行王政則勿毀之矣王曰王政可得聞與對曰昔者文王之治岐也耕者九一仕者世祿關市譏而不征澤梁無禁罪人不孥趙曰文王行王政使岐民修井田八家耕八百畝其百畝者以爲公田及廬井故曰九一也紂時稅重文王復行古法也仕者世祿賢者子孫必有土地關譏難非常不征稅也陂池魚梁不設禁與民共之也孥妻子也罪人不孥惡惡止其身不及妻子也孫曰孥音奴今案漢書景帝紀作帑字通老而無妻曰鰥老而無夫曰寡老而無子曰獨幼而無父曰孤此四者天下之窮民而無告者文王發政施仁必先

斯四者。詩云。哿矣富人。哀此煢獨。趙曰詩小雅正月之篇哿可也詩人言居今之世可矣富人但憐憫此煢獨者耳文王行政如此也孫曰哿工可切煢音瓊離騷王逸注曰煢孤也毛詩煢作惸宋石經作煢王曰。善哉言乎。曰。王如善之。則何爲不行。王曰。寡人有疾。寡人好貨。朱曰王自以爲好貨故取民無制而不能行此王政對曰。昔者公劉好貨。詩云。乃積乃倉。乃裹餱糧。于橐于囊。思戢用光。弓矢斯張。干戈戚揚。爰方啓行。故居者有積倉。行者有裹糧也。然後可以爰方啓行。王如好貨。與百姓。同之。於王何有。趙曰詩大雅公劉之篇也毛傳曰公劉居於邰而遭夏人亂迫逐公劉公劉乃避中國之難遂平西戎而遷其民邑於豳焉乃詩作迺古字通毛曰迺積迺倉言民事時和國有積倉也鄭箋曰乃有委積及倉也釋文曰積子智反餱孫作糇音侯說文曰餱乾食也毛曰小曰橐大曰囊鄭曰乃裹糧食於橐囊之中也戢詩作輯毛鄭均釋爲和趙釋爲安言思和睦安集其民人用以光大其國家也毛曰戚斧揚鉞也爾雅釋詁曰爰於也方之言甫也毛曰張其弓矢秉其干戈戚揚以方開道路去之豳是也阮曰裹糧作裹囊校曰宋本孔本同石經閩監毛三本韓本作糧按鹽鐵論云公劉好貨居者有積行者有囊與裹囊合今案內府本亦作裹囊鹽鐵論見取下篇王曰寡人有疾寡人好色朱曰好色則心志蠱惑而不能行王政對曰昔者大王好色愛厥妃詩云古公亶父來朝走馬率西水滸至于岐下爰及姜女聿來胥宇當是時也內無怨女外無曠夫王如好色與百姓同之於王何有趙曰詩大雅緜之篇也亶父大王名也號稱古公來朝走馬遠避狄難去惡疾也率循也滸水涯也循西方水滸來至岐山下也姜女大王妃也於是與姜女俱來相土居也言大王亦好色非但與姜女俱行而已也普使一國男女無有怨曠阮曰父閩監毛三本同石經本宋本岳本咸淳衢州本廖本孔本韓本考文古本作甫鄭箋曰來朝走馬言其避惡早且疾也史記周本紀曰古公乃與私屬遂去豳度漆沮踰梁山止於岐山下集解引徐廣曰山在扶風美陽西北其南有周原是也毛傳曰胥相也宇居也唐風蟋蟀篇傳曰聿

此亦情韻之文寥寥數言使人悠然神往　通體不曾著一平筆

此章文氣極爲馳驟排奡摯入喬木一句趣佳而氣益茂
昔者二句簡老

將使卑踰尊三句詞極簡括他人爲之千百言

遂也

孟子謂齊宣王曰王之臣有託其妻子於其友而之楚遊者比其反也則凍餒其妻子則如之何王曰棄之孫曰比丁必二切及也趙曰棄之絕友道也曰士師不能治士則如之何王曰已之朱曰士師獄官也其屬有鄉士遂士之官士師皆當治之已罷去也曰四境之內不治則如之何王顧左右而言他說文曰顧還視也

孟子見齊宣王曰所謂故國者非謂有喬木之謂也有世臣之謂也王無親臣矣昔者所進今日不知其亡也趙曰故舊也喬高也舊國當有累世修德之臣常能輔其君以道也今王無可親任之臣焦曰亡喪棄也始不詳審而登進之固以爲知其賢也久而爲惡至於誅責而棄去之則是始以爲知之者原未嘗知之也今日不知其亡謂不知其今日之亡經文倒言之耳故下王問何以先知其不才也王曰吾何以識

不能盡者此止一二語已挈其要

此下三段皆突然而起峭折勁絕凡用筆突然而起皆善於作逆勢者

易未可為勿聽變換文法以避宂

國人殺之也單句作收勁絕亦千百言而以一二言了之者也古人為文每一章中必用一副筆墨易一章亦易一副筆墨此雖唐宋大家固已不敢望到

大義凜然所謂磊磊軒天地者千餘年來皷生

其不才而舍之孫曰舍音捨曰國君進賢如不得已將使卑踰尊疏踰戚可不慎與朱曰如不得已言謹之至也孫曰與音餘左右皆曰賢未可也諸大夫皆曰賢未可也國人皆曰賢然後察之見賢焉然後用之左右皆曰不可勿聽諸大夫皆曰不可勿聽國人皆曰不可然後察之見不可焉然後去之宋翔鳳孟子趙注補正引丁杰曰左右謂大臣輔佐故先於諸大夫左右皆曰可殺勿聽諸大夫皆曰可殺勿聽國人皆曰可殺然後察之見可殺焉然後殺之故曰國人殺之也如此然後可以為民父母

齊宣王問曰湯放桀武王伐紂有諸孟子對曰於傳有之曰臣弑其君可乎曰賊仁者謂之賊賊義者謂之殘

陋儒咋舌而不敢道獨有孟子昌言明之耳文亦英爽非常

反覆開說詞悃懇到氣韻沉厚是三代文字亦不肯使一平筆正意止在呑吐之間

再加一譬隔爲兩層方覺樸茂典重

殘賊之人謂之一夫聞誅一夫紂矣未聞弒君也（荀子議兵篇曰誅桀紂若誅獨夫故泰誓云獨夫紂此之謂也又正論篇曰誅暴國之君若誅獨夫湯武非取天下也修其道行其義興天下之同利除天下之同害而天下歸之也天下歸之之謂王天下去之之謂亡故桀紂無天下而湯武不弒君與孟子說同未聞句文選檄吳部曲注引君上有其字阮曰足利本有其字）

孟子謂齊宣王曰爲巨室則必使工師求大木工師得大木則王喜以爲能勝其任也匠人斲而小之則王怒以爲不勝其任矣（謂坊本作見翟曰注疏本宋石經本考文本皆作謂後漢書劉玄傳注引亦作謂今案內府本作謂趙曰工師主工匠之吏匠人工匠之人也）夫人幼而學之壯而欲行之王曰姑舍女所學而從我則何如（詩卷耳毛傳曰姑且也孫曰舍音捨女音汝）今有璞玉於此雖萬鎰必使玉人彫琢之至於治國家則曰姑舍女所學而從我則何以異於教玉

摹齊王口吻極肖能曲達其胸中之蘊　句句斷

人彫琢玉哉 秦策曰鄭人謂玉未理者璞趙曰二十兩爲鎰彫琢治飾玉也孫曰鎰音溢朱曰玉人玉工也

齊人伐燕勝之 史記燕世家曰燕噲屬國於子之顧爲臣國事皆決於子之三年國大亂諸將謂齊湣王曰因而赴之破燕必矣齊王因令人謂太子平云云因搆難數月死者數萬衆人恫怨百姓離志孟軻謂齊王曰今伐燕此文武之時不可失也王因令章子將五都之兵以伐燕士卒不戰城門不閉燕君噲死齊大勝燕卽其事也文武之語時云云卽隱括此章之語

宣王問曰或謂寡人勿取或謂寡人取之以萬乘之國伐萬乘之國五旬而舉之人力不至於此不取必有天殃取之何如 宣王當從史記作湣王六國表作取燕事在湣王十年與燕世家合荀子王霸篇謂齊閔北足以敗燕亦指此事與孟子書中諡號多後人所加故致誤耳公孫丑篇燕人畔章王字上尚未加宣字可證也燕策載此篇始末與燕世家同而亦作宣王又後人據孟子誤改惟史記年月昭然可信司馬溫公作通鑑乃移下十年以合孟子黃氏曰鈔又以此篇伐燕爲宣

英俊開朗識力絶人所謂至大至剛之氣如此孟子胸中自有絶大名義世不能用亦不屑輕率吐出但爲因物肆應之談則取燕勿取其間正無分別視之固不甚措意而文體乃益峻絶史記所載文武之時不可失也云云即約此章之文蓋雖謂勸齊取燕無不可也

王取十城事以公孫丑篇伐燕爲湣王事臧庸更申其說謂此時燕遭喪易王尚未立故孟子有謀於燕衆置君而後去之說然燕策及燕世家宣王因燕喪取十城在易王既立之後則其說尤不可通蓋皆以孟子有宜王字故不敢疑而展轉以求合殊不知其爲後人誤加也又齊策曰三十日而舉燕國焦曰此三字當是五字之論

孟子對曰取之而燕民悅則取之古之人有行之者武王是也取之而燕民不悅則勿取古之人有行之者文王是也爾雅釋詁曰悅服也以萬乘之國伐萬乘之國簞食壺漿以迎王師豈有他哉避水火也如水益深如火益熱亦運而已矣趙曰燕人所以持簞食壺漿來迎王師者欲避水火難耳如其所患益甚則亦運行犇走而去矣孫曰簞音丹食音嗣禮記曲禮注曰簞笥盛飯食者圓曰簞方曰笥

齊人伐燕取之諸侯將謀救燕宣王曰諸侯多謀伐寡人者何以待之此章宣王亦當作湣王俞曰爾雅釋詁止待也何以待之猶言何以止之故下

民雖歸湯何至懷望如此想見古史工於紀事乃能撰此情至之文

云則猶可及止也孟子對曰臣聞七十里爲政於天下者湯是也未聞以千里畏人者也俞曰政與正通爾雅釋詁正長也言湯由七十里而爲天下長也書曰湯一征自葛始天下信之東面而征西夷怨南面而征北狄怨曰奚爲後我民望之若大旱之望雲霓也歸市者不止耕者不變誅其君而弔其民若時雨降民大悅書曰徯我后后來其蘇趙曰此二篇皆尚書逸篇之文也面嚮也霓虹也雨則虹見故大旱而思見之徯待也后君也蘇息也今案詩蝃蝀曰朝隮於西崇朝其雨故思雨而望霓荀子王制篇曰周公南征而北國怨曰何獨不來也東征而西國怨曰何獨後我也楊注引此爲證臧琳曰西夷北狄明翻刻北宋板趙注本上下皆作夷字今案內府本作狄宋翔鳳曰民望之以下皆孟子之說書也後滕文公篇湯始征云云亦是說書故文少異而不加書曰也呂覽慎大篇曰湯立爲天子夏民大悅朝不易位農不去疇商不變肆大戴禮主言篇孔子曰彼廢道而不行然後誅其君致其征弔其民故曰明主之征也

意義與上章互備以迎王師句截斷以下再接所謂頓也天下固畏句如朝霞軒然起於天半是孟子浩然之氣流露於行間者

猶時雨也至則民說矣左傳襄十四年杜注曰弔恤也禮記樂記鄭注曰更息曰蘇王念孫曰穌生也蘇與穌通

今燕虐其民王往而征之民以為將拯己於水火之中也簞食壺漿以迎王師若殺其父兄係累其子弟毀其宗廟遷其重器如之何其可也天下固畏齊之彊也今又倍地而不行仁政是動天下之兵也趙曰拯濟也係累猶縛結也朱曰拯救也倍地併燕而增一倍之地孫曰係音繫累力追切今案戰國策燕策高誘注曰齊伐燕殺噲得鼎是遷其重器也王速出令反其旄倪止其重器謀於燕眾置君而後去之則猶可及止也趙曰速疾也旄老耄也倪弱小繄倪者也朱曰及止及其未發而止之也孫曰旄丁音耄倪音鯢謂繄倪小兒也焦曰禮記曲禮云八十九十曰耄射義旄期注云八十九十曰旄是旄即耄也劉熙釋名釋長幼云人始生曰嬰兒或曰嫛婗說文云兒孺子也婗嫛婗也禮記雜記云中路嬰兒失其母注云嬰猶鷖彌也鷖即嫛嫛為嬰字聲之轉嫛倪即嫛兒也

剴切懇至語語怵心針針見血之文 曾子曰三句截斷使文氣厚重

鄒與魯鬨。趙曰鬨鬭聲也孫曰鬨張胡弄切 穆公問曰吾有司死者三十三人而民莫之死也誅之則不可勝誅不誅則疾視其長上之死而不救如之何則可也趙曰鄒穆公忿其民不赴難而問其罰當謂何也吳辟疆曰趙注訓疾爲忿疾視其長上之死而不救者公疾其民之視上死不救也朱子以疾視連讀者非 孟子對曰凶年饑歲君之民老弱轉乎溝壑壯者散而之四方者幾千人矣而君之倉廩實府庫充有司莫以告是上慢而殘下也趙曰是上驕慢以殘賊其下也 曾子曰戒之戒之出乎爾者反乎爾者也夫民今而後得反之也君無尤焉趙曰尤過也孟子言百姓乃今得反報諸臣不哀矜耳君無過責之也 君行仁政斯民親其上死其長矣賈誼新書春秋篇新序刺奢篇並載穆公恤民之事新書又曰穆公死鄒之百姓若失慈父周廣業孟子四考曰穆公豈因孟子之言乃側身修行發政施仁以致此歟

此章重在效死而民弗去所以能使民效死而弗去者正旨有道也文反未之及凡文字之高深者多在不盡露處見之耳

大旨是勸滕君行善引大王事以爲證言流離至此尚開王業見天命正旨難知耳非勸滕遷也

苟爲善句挺拔而起以下句句截斷意思深至詞若相屬若不相屬爲滕計亦祇可如此讀之

滕文公問曰滕小國也閒於齊楚事齊乎事楚乎趙曰古紀世本元公宏與文公相直以元公行文德故謂之文公也孟子對曰是謀非吾所能及也無已則有一焉鑿斯池也築斯城也與民守之效死而民弗去則是可爲也趙曰不得已有一謀焉惟施德義以養民與之堅守城池至死使民不畔去則可爲矣左傳襄二十七年杜注曰效致也致至字通

滕文公問曰齊人將築薛吾甚恐如之何則可趙曰齊人幷得薛築其城以偪於滕故文公恐也史記孟嘗君傳張守節正義曰薛故城在徐州滕縣南四十四里孟子對曰昔者大王居邠狄人侵之去之岐山之下居焉非擇而取之不得已也邠與豳同趙曰大王非好岐山之下擇而居之迫不得已困於强暴故避之苟爲善後世子孫必有王者矣君子創業垂統爲可繼也若夫成功則天也君如彼何哉彊爲善而已矣

但見勁氣內轉蘊意無窮

連用皮幣犬馬珠玉以襯土地字

趙曰君豈如彼齊何乎但當自彊爲善法以遺後世也創與刱通說文曰刱造法刱業也文選甘泉賦注曰統緒也淮南子修務篇注曰彊勉也阮彊作強校曰宋本岳本廖本孔本同石經閩監毛三本韓本作彊

滕文公問曰滕小國也竭力以事大國則不得免焉如之何則可孟子對曰昔者大王居邠狄人侵之事之以皮幣不得免焉事之以犬馬不得免焉事之以珠玉不得免焉乃屬其耆老而告之曰狄人之所欲者吾土地也吾聞之也君子不以其所以養人者害人二三子何患乎無君我將去之

孫曰屬丁音燭會聚也莊子讓王篇曰大王亶父居邠狄人攻之事之以皮帛而不受事之以犬馬而不受事之以珠玉而不受狄人之所求者土地也大王亶父曰與人之兄居而殺其弟與人之父居而殺其子吾不忍也子皆勉居矣爲吾臣與爲狄人臣奚以異且吾聞之不以所用養害所養因杖筴而去之民相連而從之遂成國於岐山之下詩緜毛傳尚書大傳呂覽審爲篇淮南道應篇並

以後世之義言之則滕君唯有死守弃去爲喪節矣自孟子言之則二者適等蓋聖賢審義至精不必爲區區之小諒也夫豈迂儒一孔之見所與知哉

敘事簡勁樸古無閑句無賸字而情勢曲折隱約俱見是三代記載體裁

倒入將見孟子便有味若云魯平公將見孟子

載其事大傳屬作贅翟曰宋刻九經本所下無以字去邠踰梁山邑於岐山之下居焉邠人曰仁人也不可失也從之者如歸市尚書大傳曰過梁山邑岐山國人之東修弃走而從之者三千乘一止而成三千戶之邑說苑至公篇曰邠人負幼扶老從之如歸父母閻曰雍州有二梁山一在今韓城郃陽兩縣境於孟子之梁山無涉孟子梁山在今乾州西北五里其山橫而長太王當日必踰此山然後可適狄患也史記孟荀列傳曰梁惠王謀欲攻趙孟軻稱大王去邠索隱曰孟子太王去邠是對滕文公語今云梁惠王謀攻趙與孟子不同或曰世守也非身之所能爲也效死勿去趙曰或曰土地乃先人之所受也世世守之非己身所能專爲至死不可去也君請擇於斯二者

魯平公將出嬖人臧倉者請曰他日君出則必命有司所之今乘輿已駕矣有司未知所之敢請公曰將見孟子趙曰平諡也嬖人愛幸小人也平公敬孟子有德不敢請召將往就見之曰何哉君所爲

嬖人臧倉云云則爲凡
語無情趣矣
倒插樂正子入見令人
不知其所由來至下文
克告於君句始明之

輕身以先於匹夫者以爲賢乎禮義由賢者出而孟子之後喪踰前喪君無見焉公曰諾趙曰匹夫一夫也臧倉言君何爲輕千乘而先匹夫乎以爲孟子賢故也賢者當行禮義而孟子前喪父約後喪母奢君無見也說文曰踰越也樂正子入見曰君奚爲不見孟軻也曰或告寡人曰孟子之後喪踰前喪是以不往見也曰何哉君所謂踰者前以士後以大夫前以三鼎而後以五鼎與趙曰樂正姓子通稱孟子弟子也爲魯臣文選褚淵碑李善注引魯欲使樂正子爲政劉熙注曰名克六臣本作尅禮記郊特牲孔疏曰少牢陳五鼎羊一豕二膚三魚四腊五特牲三鼎牲鼎一魚鼎二腊鼎三公羊傳桓二年何休注曰祭禮天子九鼎諸侯七卿大夫五元士三孫曰與音餘曰否謂棺槨衣衾之美也曰非所謂踰也貧富不同也趙曰喪父時爲士喪母時爲大夫大夫祿重於士故貧富不同也孫曰否本亦作不樂正子見孟子曰克告於君君爲來見也嬖

行或使之以下發出絕大識議想見聖賢處世襟抱臧倉固不足道弁樂正子亦若不措意中胸懷曠遠難攀文亦杳然高絕

人有臧倉者沮君君是以不果來也趙曰克樂正子名也告君以孟子之賢王引之曰爲猶將也詩巧言毛傳曰沮止也孫曰阻本亦作沮曰行或使之止或尼之行止非人所能也吾之不遇魯侯天也臧氏之子焉能使予不遇哉趙曰尼止也孫曰尼女乙切丁本作昵云居字周廣業曰昵疑尼之譌翟曰蔡模孟子集疏本宋刻九經本能下俱有爲字論衡刺孟篇引吾作予後漢書趙壹傳注引作余今案風俗通窮通篇載此事文有異同蓋以意述不必求合本文也今不具

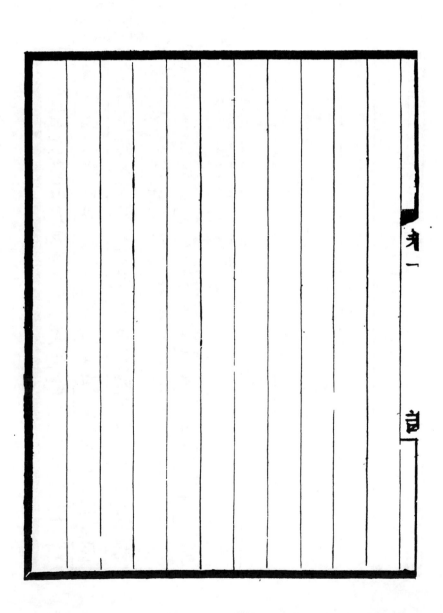

先大夫曰：此篇在齊事蹟始末，其間所論，大氐在齊時譔著也。此章以反手可王爲主，特從管晏跌起，極力頓挫。

或問一段開拓

言得君專行政久，可以大有爲，而功烈乃卑，故

孟子文法讀本卷第二

霸縣高步瀛集解
桐城吳闓生評點

公孫丑

公孫丑問曰：夫子當路於齊，管仲晏子之功，可復許乎？（趙曰：公孫姓，丑名，孟子弟子也。許，猶興也。文選詠懷詩注引綦毋邃孟子注曰：當路，當仕路也。孫曰：復，扶又切。）孟子曰：子誠齊人也，知管仲晏子而已矣。（今案：綦毋邃孟子注今佚。）或問乎曾西曰：吾子與子路孰賢？（趙曰：齊人但知二子而已，豈復知王者之佐乎。）曾西蹵然曰：吾先子之所畏也。（趙曰：蹵然，猶蹵踖也。先子，曾子也。子路在四友，故曾子畏敬之。案四友見尚書大傳，謂顏淵、子貢、子張、子路也。毛奇齡四書賸言曰：經典序錄，曾申字子西，子夏以詩傳曾申，左邱明作傳以授曾申，曾西即曾申，爲曾子之子。孫曰：蹵，子六切，蹴同。今案說文引作[illegible]。）曰：然則吾子與管仲孰賢？曾西艴然不悅，曰：爾何曾比予於管仲？管仲得君如彼其專也，行乎國政如彼其久

不屑比三句直下非平列者

跌筆雋爽

以霸顯跌出王字落筆勁健前句專爲頓出此句以下又撇開

且字起語詞

一句轉

也。功烈如彼其卑也。爾何曾比予於是。趙曰艴然慍怒色也何曾猶何乃也朱曰桓公獨任管仲四十餘年是專且久也管仲不知王道而行霸術故言功烈之卑也孫曰艴丁音勃張音拂何曾丁音憎曰管仲曾西之所不爲也。而子爲我願之乎。王引之曰此述古語既畢而更及今事也爲猶謂也言子謂我願之乎孫曰爲我于僞切曰管仲以其君霸。晏子以其君顯。管仲晏子猶不足爲與。孫曰與音餘曰以齊王由反手也。趙曰其易若反手耳孫曰王張于況切丁云由當作猶古字借用耳今案呂覽壹行篇注引作猶曰若是則弟子之惑滋甚。且以文王之德百年而後崩。猶未洽於天下。武王周公繼之。然後大行。今言王若易然。則文王不足法與。朱曰滋益也文王九十七而崩言百年舉成數也孫曰易以豉切曰文王何可當也。由湯至於武丁。賢聖之君六七作。天下歸殷久矣。久則難變也。武丁朝諸侯

尺地句用挺接之筆以振之使文勢不平

數語承上起下逆攝硬轉爲一篇之關鍵後半便可放筆爲之

有天下猶運之掌也 趙曰武丁高宗也從湯以下賢聖之君六七興朱曰自湯至於武丁中間太甲太戊祖乙盤庚皆聖賢之君今案六七作者不過約略之言趙佑焦循等必欲數祖甲以足七人之數亦泥矣咎單訓伊尹事作沃丁沃丁蓋亦賢君也又安見不可數乎公羊傳莊十三年注曰當猶敵也何可當猶言何可敵也 紂之去武丁未久也其故家遺俗流風善政猶有存者又有微子微仲王子比干箕子膠鬲皆賢人也相與輔相之故久而後失之也尺地莫非其有也一民莫非其臣也然而文王猶方百里起是以難也 趙曰微仲膠鬲皆良臣也但不在三仁中耳史記宋世家曰微子開者殷帝乙之首子而紂之庶兄也微子開卒立其弟衍是爲微仲膠鬲事見呂覽誠廉貴因二篇及韓非喻老篇孫曰相丁本作押音甲廣雅云輔也義與夾同 齊人有言曰雖有智慧不如乘勢雖有鎡基不如待時今時則易然也 趙曰齊人諺言也鎡基田器耒耜之屬朱曰時謂耕種之時孫曰鎡或作茲音

夏后句挺起
地不改辟二句法與尺地一民句同多用振拔之筆則文勢軒昂不至平冗
前段言齊國可用猶是虛籠至此始暢發易王之故詞旨深痛藹然閔世之衷溢於言外文勢亦如駿馬注坡氣酣神足易為食止言易於食耳不得作甘食解反近權術
當今之時四句用重筆壓住不如此不足以收束全篇故事半古三句承明意旨仍納入時字用法細密

同今案禮記月令疏引作鎡錤廣雅釋器曰鎡錤鉏也漢書樊酈等傳贊引語曰雖有鎡基不如逢時夏后殷周之盛地未有過千里者也而齊有其地矣雞鳴狗吠相聞而達乎四境而齊有其民矣地不改辟矣民不改聚矣行仁政而王莫之能禦也趙曰三代之盛封畿千里耳今齊地土民人已足矣不更辟土聚民也孫曰辟音闢且王者之不作未有疏於此時者也民之憔悴於虐政未有甚於此時者也飢者易為食渴者易為飲楚辭王逸九歎注曰憔悴憂貌也孔子曰德之流行速於置郵而傳命孫曰郵丁音尤今之驛也漢書曹參傳顏師古注曰置即今之驛也焦曰以車馬傳遞謂之置郵傳遞行書之舍亦即謂之置郵呂覽上德篇引孔子曰通乎德之情則孟門太行不為險矣故曰德之速疾乎以郵傳命當今之時萬乘之國行仁政民之悅之猶解倒懸也故事半古之人功必倍之惟此時為然趙曰

以下證明養氣之理層層剝卸由淺入深使人易悟

倒懸喻困苦也

公孫丑問曰夫子加齊之卿相得行道焉雖由此霸王不異矣如此則動心否乎俞曰加讀為假言假藉齊卿相之位以行道也吳辟畺曰不異言分所應有不足為異也孟子曰否我四十不動心朱曰四十強仕君子道明德立之時孔子四十而不惑亦不動心之謂揚子法言淵騫篇曰請問孟軻之勇曰勇於義而果於德不以貧富貴賤死生動其心於勇也其庶乎曰若是則夫子過孟賁遠矣趙曰孟賁勇士也孫曰賁音奔曰是不難告子先我不動心趙曰告子者告姓也名不害朱曰孟子言告子未為知道乃能先我不動心則此亦未足為難也曰不動心有道乎曰有朱注引程子曰心有主則能不動矣朱彝尊經義考曰程子頤孟子解宋志十四卷集止一卷北宮黝之養勇也不膚橈不目逃思以一毫挫於人若撻之於市朝不受於褐寬博亦不受於萬乘之君視刺萬乘之

君若刺褐夫無嚴諸侯惡聲至必反之趙曰北宮姓黝名也人刺其肌膚不爲橈卻刺其目目不轉精逃避之人拔一毛若見捶撻於市朝之中褐寬博獨夫被褐者以惡聲加己己必惡聲報之朱曰褐毛布寬博寬大之衣賤者之服也不受者不受其挫也嚴畏憚也言無可畏憚之諸侯也黝蓋以必勝爲主而不動心者也孫曰黝伊糾切橈丁奴效切淮南子主術篇曰握劍鋒以離北宮子注曰橈北宮子齊人也孟子所謂北宮黝也廣雅釋詁曰挫折也顧炎武日知錄曰古者朝無撻人之事市則有之周禮司市大刑朴罰又曰凡有罪者撻戮而罰之是也今案此言市朝者挾字也古人文字有此例焦曰上言褐寬博下言褐夫則褐寬博即是衣褐之匹夫褐寬博蓋當時有此稱也阮曰橈九經本岳本廖本孔本韓本同閩監毛三本作橈非也翟曰毫宋本趙注本作豪今案內府本亦作豪孟施舍之所養勇也曰視不勝猶勝也量敵而後進慮勝而後會是畏三軍者也舍豈能爲必勝哉能無懼而已矣趙曰孟姓舍名施發音也施舍自言其名則但曰舍以爲量敵少而進慮足勝乃會此畏三軍之衆者耳非勇者也朱曰舍蓋以無懼爲主而

黝舍之所守氣也曾子之所持志也與後幅議論脗盤相通

不動心者也今案孟施舍如左傳耿之不比介之推杜注曰之語助是也閻謂孟施複姓與魯少施氏一例未確詩大明箋曰會合也謂合兵也會

孟施舍似曾子北宮黝似子夏夫二子之勇未知其孰賢然而孟施舍守約也朱曰黝務敵人舍專守己子夏篤信聖人曾子反求諸己故二子之與曾子子夏雖非等倫然論其氣象則各有所似賢猶勝也約要也

昔者曾子謂子襄曰子好勇乎吾嘗聞大勇於夫子矣自反而不縮雖褐寬博吾不惴焉自反而縮雖千萬人吾往矣趙曰子襄曾子弟子也夫子謂孔子也朱曰往往而敵之也孫曰好呼報切惴之睡切丁本作遄云音揣恐懼也禮記投壺釋文曰縮直也閻曰不豈不也今案不惴謂豈不恐懼也

孟施舍之守氣又不如曾子之守約也朱曰言孟施舍雖似曾子然其所守乃一身之氣又不如曾子之反身循理所守尤得其要也孟子之不動心其原蓋出於此

曰敢聞夫子之不動心與告子之不動心可得聞與欲問其同異也

告子曰不得

罕譬曲喻深入顯出

以上爲第一段明不動心之故

於言勿求於心不得於心勿求於氣不得於心勿求於氣可不得於言勿求於心不可夫志氣之帥也氣體之充也夫志至焉氣次焉故曰持其志無暴其氣朱曰此孟子誦告子之言又斷以己意而告之曰彼謂不得於心而勿求諸氣急於本而緩其末猶之可也謂不得於言而不求諸心則既失於外而遂遺其內其不可也必矣然凡曰可者亦僅可而有所未盡之辭耳若論其極則志固心之所之而爲氣之將帥然氣亦人之所以充滿於身而爲志之卒徒者也故志固爲至極而氣即次之人固當敬守其志然亦不可不致養其氣蓋其內外本末交相培養此則孟子之心所以未嘗必其不動而自然不動之大略也既曰志至焉氣次焉又曰持其志無暴其氣者何也朱曰丑見孟子言志至而氣次故問如此則專持其志可矣又言無暴其氣何也曰志壹則動氣氣壹則動志也今夫蹶者趨者是氣也而反動其心說文曰壹專一也淮南子精神篇注曰蹶顛也孫曰蹶音厥又居衞切說文曰趨走也俞曰蹶由於

知言養氣二事以下分疏先於此處總挈章法乃不散漫

此孟子真實本領切實言之光燭天地

朱駿聲云義襲義讀儀猶云貌襲此解最的

趨義不平列孟子言志專一氣固從之氣專一則志亦反爲之動如顛蹶之人即趨走之人蓋人之疾趨而行氣使之也至於顛蹶則無不動心而恐矣所以既持其志又必無暴其氣也敢問夫子惡乎長。朱曰丑復問孟子之不動心所以異於告子如此者有何所長而能然孫曰惡音烏曰。我知言。我善養吾浩然之氣。朱曰知言者盡心知性凡天下之言無不有以究極其理而識其是非得失之所以然也浩然盛大流行之貌氣即所謂體之充者本自浩然失養故餒惟孟子爲善養之以復其初也蓋知言則事無所疑養氣則事無所懼此其所以當大任而不動心也敢問何謂浩然之氣。丑問曰。難言也。吳辟畺曰難言者其理玄奧未易以言語形容也其爲氣也。至大。至。剛。以直。養。而。無。害。則。塞。于。天。地。之。間。淮南子原道篇注曰塞滿也翟曰宋刻九經本于作乎其爲氣也。配義與道。無是餒也。配與妃通爾雅釋詁曰妃合也吳辟畺曰無是餒也當作一句讀是語助詞言其氣合於道義而無餒也是集義所生者。非義襲而取之也。行有不慊於心則餒矣。我故

先大夫曰莊子人閒世而以義譽之言汝以貌稱之也

談理之文易於晦昧加入此等妙解曲喻實能屈達難顯之情使人易於領解且妙語解頤尤足引起種種情趣此亦古人不傳之一秘也

曰告子未嘗知義以其外之也趙曰慊快也朱曰集義獨言積善孫曰慊口簞切朱駿聲曰義襲義讀儀猶云貌襲也今案告子謂仁內義外見後篇必有事焉而勿正心勿忘勿助長也朱曰正預期也春秋傳曰戰不正勝是也言養氣者勿預期其效但當勿忘其所有事而不可作爲以助其長乃集義養氣之節度也今案春秋傳見公羊僖二十六年吳辟畺曰必有事焉謂有事之時也無若宋人然宋人有閔其苗之不長而揠之者芒芒然歸謂其人曰今日病矣予助苗長矣其子趨而往視之苗則槁矣天下之不助苗長者寡矣以爲無益而舍之者不耘苗者也助之長者揠苗者也非徒無益而又害之趙曰揠挺拔之欲亟長也芒芒罷倦之貌其人家人也病罷也槁乾枯也孫曰揠烏八切舍丁張並音捨左傳宣十二年注曰閔憂也論衡自然篇曰宋人有閔其苗之不長者就而揠之明日枯死何謂知言曰詖辭知其所蔽淫辭知其所陷邪辭知

以上爲第二段論知言養氣二事以下爲第三段言志在學孔因極力發揮孔子之至聖爲生民所未有以終之

總括上兩事開出下節

此下自道身分志趣光明磊落無矯飾虛遁之情

其所離遁辭知其所窮生於其心害於其政發於其政害於其事聖人復起必從吾言矣朱曰詖偏陂也淫放蕩也邪邪僻也遁逃避也四者言之病也蔽遮隔也陷沈溺也離叛去也窮困屈也四者心之失也孫曰詖必寄切論衡刺孟篇引聖人上有雖字宰我子貢善爲說辭冉牛閔子顏淵善言德行孔子兼之曰我於辭命則不能也然則夫子既聖矣乎朱曰此一節林氏以爲皆公孫丑之問是也此夫子指孟子也今案林之奇孟子講義今佚曰惡是何言也昔者子貢問於孔子曰夫子聖矣乎孔子曰聖則吾不能我學不厭而教不倦也子貢曰學不厭智也教不倦仁也仁且智夫子既聖矣夫聖孔子不居是何言也趙曰惡者不安事之歎詞也孫曰惡音烏呂覽尊師篇曰子貢問孔子曰後世將何以稱夫子孔子曰吾何足以稱哉勿已者則好學而不厭好教而不倦其惟此邪論衡知實篇厭作饜倦下無也字智也仁也

伯夷句趙注云丑曰伯夷之行何如孟子心可願比伯夷否不同道句又注云言伯夷之行不與孔子伊尹同道也據此知孟文但作伯夷何如伊尹二字淺者所妄增也

正意至此已盡此下專就孔子贊歎作收更不迴顧而通篇神氣俱振

上各有者字 昔者竊聞之子夏子游子張皆有聖人之一體冉牛閔子顏淵則具體而微敢問所安趙曰體者四肢股肱也一體者得一肢也具體者四肢皆具微小也朱曰此一節林氏亦以爲皆公孫丑之問是也焦曰安猶處也處猶居也謂夫子於諸賢欲何居也論衡知實篇引皆有作得閔子下有騫字具體上無則字曰姑舍是朱曰孟子不欲以數子所至者自處也孫曰舍音捨曰伯夷伊尹何如趙曰丑曰伯夷之行何如孟子心可願比伯夷不盧文弨抱經堂集曰依趙注經文但曰伯夷何如無伊尹二字曰不同道非其君不事非其民不使治則進亂則退伯夷也何事非君何使非民治亦進亂亦進伊尹也可以仕則仕可以止則止可以久則久可以速則速孔子也皆古聖人也吾未能有行焉乃所願則學孔子也趙曰止處也久留也速疾去也今案內府本無不同道三字止則止論衡作已則已古下有之字伯夷伊尹於孔子若

當論其所以異而先墊入有同一層將伊尹伯夷一齊安頓然後專就孔子頌揚便無不盡之意爐錘之妙殆若天成且衡量諸聖不失絫黍尤徵學力

是班乎（趙曰班齊等之貌丑問此三人之德等乎）曰否自有生民以來未有孔子也曰然則有同與曰有得百里之地而君之皆能以朝諸侯有天下行一不義殺一不辜而得天下皆不爲也是則同（焦曰荀子王霸篇云行一不義殺一無罪而得天下仁者不爲也又儒效篇云行一不義殺一無罪而得天下不爲也與孟子同）曰敢問其所以異曰宰我子貢有若智足以知聖人汙不至阿其所好（朱曰汙下也三子智足以知夫子之道假使汙下必不至阿其所好而空譽之明其言之可信也孫曰汙丁音蛙）宰我曰以予觀於夫子賢於堯舜遠矣（趙曰予宰我名也）子貢曰見其禮而知其政聞其樂而知其德由百世之後等百世之王莫之能違也自生民以來未有夫子也（百王雖遠禮樂具在故由其禮樂考其政德知莫能及孔子也）有若曰豈惟民哉麒麟之於走獸鳳凰之

於飛鳥泰山之於丘垤河海之於行潦類也聖人之於民亦類也出於其類拔乎其萃自生民以來未有盛於孔子也趙曰垤蟻封也行潦道旁流潦也孫曰垤大結切潦音老阮曰咸淳衢州本泰作太法言問明篇曰羣鳥之於鳳也羣獸之於麟也形性豈羣人之於聖乎問神篇曰太山之與蝗垤江河之與行潦非難也意本此廣雅釋詁曰拔出也吳辟畺曰萃亦類也言聖人亦無異於衆人特其德之盛高出於同類耳而孔子則盛之尤盛者也

孟子曰以力假仁者霸霸必有大國以德行仁者王王不待大湯以七十里文王以百里趙曰霸者若齊桓晉文等是也史記平原君傳毛遂曰遂聞湯以七十里之地王天下文王以百里之壤而臣諸侯韓詩外傳曰客有說春申君者曰湯以七十里文王百里皆兼天下一海內並與孟子說合以力服人者非心服也力不贍也以德服人者中心悅而誠服也如七十子之服

此章法甚奇首兩句以仁不仁平列惡辱二句便是奇語卻從惡辱意中引入正面使之兢兢求治以冀免辱引詩以證明之而仁榮之旨盡即以兢兢求治之情反面印證而謂般樂怠敖者之爲求禍沈痛切求禍二字尤奇而不仁辱之旨盡矣更不多著一語便了禍福句仍以兩層平列總入一句作收卻將求福求禍兩引證據悠然而止使人尋繹不盡三代以下蓋無如此高古文法也

孔子也。詩云。自西自東。自南自北。無思不服。此之謂也。趙曰贍足也詩大雅文王有聲之篇今案自西自東韓詩外傳兩引均作自東自西

孟子曰。仁則榮。不仁則辱。今惡辱而居不仁。是猶惡溼而居下也。孫曰惡烏路切如惡之。莫如貴德而尊士。賢者在位。能者在職。國家閒暇。及是時。明其政刑。雖大國必畏之矣。孫曰閒音閑詩云。迨天之未陰雨。徹彼桑土。綢繆牖戶。今此下民。或敢侮予。孔子曰。爲此詩者。其知道乎。能治其國家。誰敢侮之。趙曰詩邠風鴟鴞之篇孫曰徹直列切土丁音杜綢音稠繆武彪切詩序曰鴟鴞周公救亂也成王未知周公之意公乃爲詩以遺王名之曰鴟鴞焉毛傳曰迨及也桑土桑根也釋文曰韓詩作杜方言云東齊謂根曰杜廣雅釋詁曰撤取也撤徹字通鄭箋曰綢繆言纏綿也焦曰謂以桑根之皮絞結束縛之成巢也今案迨說文引詩作隸今此毛詩作今女今國家閒暇。及是時。般

直列五層作起不加虛冒文氣極排奡

樂怠敖是自求禍也趙曰般大也謂大作樂怠惰敖遊不修政刑孫曰般音盤敖五勞切又五到切說文曰敖出遊也字又作遨禍福無不自己求之者詩云永言配命自求多福太甲曰天作孽猶可違自作孽不可活此之謂也趙曰詩大雅文王之篇永言長言也孫曰孽魚列切今案詩言長合天命而行是自求多福也太甲篇亡漢書董仲舒傳顏師古注曰孽災也禮記緇衣引太甲曰天作孽可違也自作孽不可以逭鄭注曰違猶辟也逭逃也

孟子曰尊賢使能俊傑在位則天下之士皆悅而願立於其朝矣趙曰俊美才出衆者也萬人者稱傑朱曰俊傑才德之異衆者今案俊者或曰才兼萬人或曰千人或曰百人或曰倍十人傑者或曰萬人或曰千人或曰百人俊字亦作儁作雋傑亦作桀推之英亦有萬人千人百人之稱豪亦有千人百人十人之稱見春秋繁露爵國篇鶡冠子博選篇能天篇說文詩沮汾傳書臯陶謨傳禮記月令疏及史記屈原傳索隱引尹文子後漢書崔駰傳注引文子白虎通聖人篇引禮別

名記月令疏禮運疏左宣十五年疏引辨名記齊策注呂覽孟夏紀孟秋紀功名篇制樂篇誠廉篇知分篇等注淮南時則篇氾論篇修務篇泰族篇等注荀子儒效篇注楚辭九章懷沙大招七諫沈江等注蓋俊傑英豪皆才德異衆之稱不必泥定萬千百十之目也朱注得之

市廛而不征法而不廛則天下之商皆悅而願藏於其市矣趙曰廛市宅也孫藏或作臧藏音藏周禮廛人鄭司農注引此文而釋之曰謂貨物諸藏於市中而不租稅也故曰廛而不征其有貨物久滯於廛而不售者官以法爲居取之故曰法而不廛也王制曰市廛而不稅鄭玄注曰廛市物邸舍稅其舍不稅其物與先鄭異又廛人先鄭注引悅作說

關譏而不征則天下之旅皆悅而願出於其路矣周禮司關鄭司農注引孟子曰關譏而不征則天下之行旅皆說而願出於其塗左傳文十一年疏引關下有市字之旅作行旅路亦作塗

耕者助而不稅則天下之農皆悅而願耕於其野矣趙曰助者井田什一助佐公家治公田不橫稅賦若履畝之類

廛無夫里之布則天下之民皆悅而願爲之氓矣廛民舍也

不說本國之民便及鄰民筆有包掃率其子弟四句倒戟而入幾疑天外飛來截去多少口頭常語句勢崢嶸飛動理解亦極透徹然後倒入無敵於天下從無敵天下倒入天吏從天吏倒入王道全取逆勢直至殺末而全篇之意始明信能行此五者至末筆勢凡七折無一平接直下

此章大旨止明人人可行王政而已而詞意簡

非上市宅之廛布泉也非布帛之布周禮閭師凡無職者出夫布載師凡宅不毛者有里布無職者謂閒民無常職轉移執事者也出夫布者謂使出一夫口稅之布不毛者謂宅不樹桑麻也出里布者謂罰之使出一里二十五家之布也及戰國時一切取之有力役之征而仍使出夫布有布縷之征而仍使出里布非先王之法今皆除之則皆悅矣說文曰氓民也孫曰氓或作萌或作甿皆音盲阮曰作萌最古漢人多萌字經文當本作萌今案載師先鄭注引此文悅作說之氓作其民

信能行此五者則鄰國之民仰之若父母矣率其子弟攻其父母自生民以來未有能濟者也如此則無敵於天下無敵於天下者天吏也然而不王者未之有也

趙曰天吏者天使也今案使吏字通左傳襄三十年使走問諸朝釋文曰使本作吏天吏者謂天之命吏也攻其父母周禮疏引攻上有以字

孟子曰人皆有不忍人之心先王有不忍人之心斯有不忍人之政矣以不忍人之心行不忍人之政治天下

樸質古無枝葉文飾文境自爾崇奧淺者幾不喻其意旨所在三代之文固如是也起句揭明本旨先王五句言王者之治天下亦止以此心施之政事見得帝王之業極是不難正意至此已盡以下借孺子入井爲證非所以內交三句廣求其故而不得知其心實自內發無待說明由是觀之五句又由惻隱之心引出羞惡三層惻隱八句證其爲四端所以謂之爲端其故暫不敘明而先明此端爲人所必有以四體譬之賊讀爲戕賊之賊猶戕賊其肢體也凡有四端以下始明爲端之義以其可以擴充也明乎擴充之理則人人可以自奮於王政矣不足以事

可。運。之。掌。上。所以謂人皆有不忍人之心者。今人乍見孺子將入於井。皆有怵惕惻隱之心。非所以內交於孺子。之父母也。非所以要譽於鄉黨朋友也。非惡其聲而然。也。趙曰作暫也又告子篇注曰要求也孫曰內張音納本亦作納要音邀廣雅釋詁曰暫猝也乍亦猝也禮記內則注曰孺子小子也釋名曰兒始能行曰孺子孺濡也言濡濡弱也東京賦薛綜注曰惕驚也周語曰韋昭注曰怵惕恐懼也漢書鮑宣傳顏注曰惻隱皆痛也言驚懼之而又哀痛之即不忍人之心也呂覽過理篇高誘注曰聲名也由是觀之。無惻隱之心。非人也。無羞惡之心。非人也。無辭讓之心。非人也。無是非之心。非人也。朱曰人之所以爲心不外是四者故因論惻隱而悉數之言人若無此則不得謂之人所以明其必有也惻隱之心。仁之端也。羞惡之心。義之端也。辭讓之心。禮之端也。是非之心。智之端也。朱曰惻隱羞惡辭讓是非情也仁義禮智性也心統性情者也端緒

父母甚言不充之不可耳如此則全章一意到底初讀殊不曉其意緒故詳爲釋之非所以內交三句最詼詭有趣若火之始然數句質健而神理完足

起句飄忽而入令人不知所謂用逆之妙一至於此復引巫匠證之以厚集其勢然後落到慎術票姚雋偉可喜

莫之禦而不仁句甚有味

不仁不智三句擲筆空際變換不測非凡人意境所有人役而恥爲役三句奇語又出譬喻妙

也因其情之發而性之本然可見猶有物在中而緒見於外也人之有是四端也猶其有四體也有是四端而自謂不能者自賊者也謂其君不能者賊其君者也朱曰四體四肢人之所必有者也凡有四端於我者知皆擴而充之矣若火之始然泉之始達苟能充之足以保四海苟不充之不足以事父母趙曰擴廓也孫曰擴丁音郭張大也字亦所作彍音霍淮南說山篇注曰充大也

孟子曰矢人豈不仁於函人哉矢人唯恐不傷人函人唯恐傷人巫匠亦然故術不可不慎也孫曰函音含考工記曰函人爲甲俞曰巫即醫也楚辭天問巫何活焉王逸注曰豈巫醫所能活是巫醫古得通稱說文曰古者巫彭初作醫廣雅釋詁曰醫巫也巫與醫對文則別散文則通孔子曰里仁爲美擇不處仁焉得智夫仁天之尊爵也人之安宅也莫之禦而不仁

絕千回百折乃倒落為仁何等筆力仁者如射以下又以奇喻見意讀之但覺滿紙低昂控縱一片奇偉之氣

此章以舜為主子路與禹特借以引入而歸重於舜之取諸人以為善取諸人以為善何以獨大又釋之曰是與人為善者也與人為善也者言使天下之人悉從之而善也故曰君子莫大乎與人為善玩其篇終所寄亦弁不顓顓乎贊舜之行而神情益為遒絕矣

耕稼陶漁三句有此印

是不智也趙曰里居也今案里仁為美言居於仁乃美也尊爵安宅釋里仁之義不仁不智無禮無義人役也人役而恥為役由弓人而恥為弓矢人而恥為矢也由與猶通翟曰宋刻九經作猶阮曰孔本矢人上有由字如恥之莫如為仁仁者如射射者正己而後發發而不中不怨勝己者反求諸己而已矣孫曰中張仲切

孟子曰子路人告之以有過則喜禹聞善言則拜趙曰子路樂聞其過過而能改也尚書曰禹拜讜言今案書皋陶謨禹拜昌言孫星衍尚書今古文注疏曰昌或為讜聲相近讜卽黨字大舜有大焉善與人同舍己從人樂取於人以為善有與又通言舜之所為又有大於禹與子路者自耕稼陶漁以至為帝無非取於人者史記五帝本紀曰舜耕歷山漁雷澤陶河濱皆舜側微時之事取諸人以為善是與人為善者也故君子莫大乎與人為善朱曰與猶

證局勢乃彌見開展後人文字直率局促但坐此等橫拓處少所謂開闔抑揚抗隊之妙皆從此出

臚列二人出處本末不同而以己意斷之身分自見中間敘次尤多精至語

助也取彼之善而爲之於我則彼益勸於爲善矣是我助其爲善也能使天下之人皆勸於爲善君子之善孰大於此

孟子曰伯夷非其君不事非其友不友不立於惡人之朝不與惡人言立於惡人之朝與惡人言如以朝衣朝冠坐於塗炭推惡惡之心思與鄉人立其冠不正望望然去之若將浼焉是故諸侯雖有善其辭命而至者不受也不受也者是亦不屑就已趙曰塗泥也浼汙也屑絜也孫曰推惡此章惟此烏路切餘如字浼張莫罪切丁亡但切吳辟疊曰望望然不屑之貌朱曰已語助辭柳下惠不羞汙君不卑小官進不隱賢必以其道遺佚而不怨阨窮而不憫故曰爾爲爾我爲我雖袒裼裸裎於我側爾焉能浼我哉故由由然與之偕而不自失焉援而止之

前路比校天時地利人和處多奇趣儁采

而止援而止之而止者是亦不屑去已趙曰柳下惠魯公族大夫也姓展名禽字季進不隱己之賢才必欲行其道也由由浩然之貌偕偕俱也朱曰袒裼露臂也裸裎露身也孫曰佚與逸同或作佚或作失皆音逸阸音厄本亦作厄袒音但裼音錫裸郎果切裎音程亦作程止之或作正之焦曰由與油通文選陶徵士誄注引鄭氏論語注云柳下惠魯大夫展禽食采柳下謚曰惠韓非子難三云不隱賢不進不肖鹽鐵論刺權篇云見賢不隱潛夫論明闇篇云且凡驕臣之好隱賢也皆謂隱蔽賢人與趙義異

孟子曰伯夷隘柳下惠不恭隘與不恭君子不由也孫曰隘或作阨或作阸並音烏懈切禮記禮器篇注曰隘猶狹也孟子述夷惠之行而以意斷之如此

孟子曰天時不如地利地利不如人和趙曰天時謂時日支干五行王相孤虛之屬也地利險阻城池之固也人和得民心之所和樂也今案尉繚子天官篇謂天時為天官時日其戰威武議二篇皆引此二語荀子王霸篇亦云上不失天時下不失地利中得人和又案趙注及章指民和為貴云云疑趙本人和作民和三里之城七里之郭環而攻之而不勝

句句斷

寡助之至以下曲曲證出仁者無敵之理機勢條鬯然後振入君子二句仍以有不戰三字墊之不唯理解應爾益覺英氣勃鬱毫端

夫環而攻之必有得天時者矣然而不勝者是天時不如地利也（呂覽愛士篇高誘注曰環圍也晉書段灼傳引七作五環作圍圍而不勝作有不尅者地利下無也字）城非不高也池非不深也兵革非不堅利也米粟非不多也委而去之是地利不如人和也（趙曰不得民心民不爲守淮南精神訓高誘注曰委棄也段灼傳引無也字兵革二句作穀非不多兵非不利）故曰域民不以封疆之界固國不以山谿之險威天下不以兵革之利得道者多助失道者寡助寡助之至親戚畔之多助之至天下順之以天下之所順攻親戚之所畔故君子有不戰戰必勝矣（趙曰域民居民也孫曰寡助之至至或作主張云畔與叛同）

孟子將朝王王使人來曰寡人如就見者也有寒疾不可以風朝將視朝不識可使寡人得見乎（朱曰朝音潮朝將之朝如

前半但記造朝曲折而孟子在齊所自處之節槪自見言外

詼詭

問疾醫來王之調弄孟子耳觀下文景丑已知王自無不知也

字王齊王也王引之曰如與將同義今案如就見謂將就見也對曰不幸而有疾不能造朝趙曰孟子不悅王之欲使朝故稱有疾孫曰造七到切下同明日出弔於東郭氏公孫丑曰昔者辭以病今日弔或者不可乎曰昔者疾今日愈如之何不弔趙曰東郭氏齊大夫家也昔者昨日也阮曰今日弔廖本毛本日作以形近之譌王使人問疾醫來孟仲子對曰昔者有王命有采薪之憂不能造朝今病小愈趨造於朝我不識能至否乎趙曰孟仲子孟子之從昆弟學於孟子者也憂病也今案詩維天之命閟宮二篇毛傳皆引孟仲子說孔疏引詩譜曰孟仲子者子思弟子蓋始與孟子共事子思又學於孟子者也釋文敘錄曰子夏傳曾申申傳魏人李克克傳魯人孟仲子禮記曲禮曰有負薪之憂文選阮嗣宗奏記注引采作負使數人要於路曰請必無歸而造於朝孫曰要音邀不得已而之景丑氏宿焉趙曰因之其所知齊大夫景丑之家而宿焉翟曰漢書藝文志有景子三篇列儒家景丑

發明敬王之義筆意顯豁異常

似卽著書之景子俞曰宿於景丑氏者將朝王也景子曰內則父子外則君臣人之大倫也父子主恩君臣主敬丑見王之敬子也未見所以敬王也曰惡是何言也齊人無以仁義與王言者豈以仁義爲不美也其心曰是何足與言仁義也云爾則不敬莫大乎是我非堯舜之道不敢以陳於王前故齊人莫如我敬王也趙曰云爾絕語之辭也孫曰惡音烏王引之曰是何言也豈以仁義爲不美也也並與邪同義景子曰否非此之謂也禮曰父召無諾君命召不俟駕固將朝也聞王命而遂不果宜與夫禮若不相似然曲禮曰父召無諾玉藻曰父命呼唯而不諾君召以三節二節以走一節以趨在官不俟屨在外不俟車王引之曰宜猶殆也曰豈謂是與曾子曰晉楚之富不可及也彼以其富我以吾仁彼以其爵我以吾義吾何

夫豈三句加一頓折跌宕生姿以下始陳正意委婉曲至

以下就大處發揮氣象軒昂磊落筆筆頓挫最見英偉雄厚之氣　湯之於伊尹以下跌宕之處

慊乎哉夫豈不義而曾子言之是或一道也天下有達尊三爵一齒一德一朝廷莫如爵鄉黨莫如齒輔世長民莫如德惡得有其一以慢其二哉趙曰慊少也朱曰孟子引曾子之言而云夫此豈是不義而曾子肯以為言是或別有一道也蓋通天下之所尊有此三者曾子之說蓋以德言之也今齊王但有爵耳安得以此慢於齒德乎孫曰慊口簟切今案慊與歉嗛字並通廣雅釋詁曰達通也故將大有為之君必有所不召之臣欲有謀焉則就之其尊德樂道不如是不足與有為也故湯之於伊尹學焉而後臣之故不勞而王桓公之於管仲學焉而後臣之故不勞而霸呂覽尊師篇曰湯師小臣齊桓公師管夷吾高誘注曰小臣謂伊尹今天下地醜德齊莫能相尚無他好臣其所教而不好臣其所受教趙曰醜類也但好臣其所教敕役使之才可驕者耳不能好臣大賢可從受教者今案尚與上通相

收更加一折託意極高
聲情溢出

尚猶相上也湯之於伊尹桓公之於管仲則不敢召管仲且猶不可召而況不爲管仲者乎趙曰孟子自謂不爲管仲朱注引范氏曰孟子於齊處賓師之位非當仕有官職者故其言如此胡炳文四書通以注引范氏爲范祖禹

陳臻問曰前日於齊王餽兼金一百而不受於宋餽七十鎰而受於薛餽五十鎰而受前日之不受是則今日之受非也今日之受是則前日之不受非也夫子必居一於此矣趙曰陳臻孟子弟子兼金好金也其價兼倍於常者故謂之兼金一百百鎰也古者以一鎰爲一金鎰二十兩也孫曰餽音饋論衡刺孟篇引下有鎰字餽作歸夫子作夫君子孟子曰皆是也當在宋也予將有遠行行者必以贐辭曰餽贐予何爲不受趙曰贐送行者贈賄之禮也孫曰贐因刃切今案辭致餽者之辭也文選魏都賦劉逵注赭白馬賦謝曲水詩李善注引贐並作賮論衡說文繫傳並作歸賮當在薛也予有戒心

發端敏妙不測

此非距心此則距心此則寡人三句前後照應以爲章法

辭曰聞戒故爲兵餽之予何爲不受趙曰戒有戒備不虞之心也時有惡人欲害孟子孟子戒備薛君曰聞有戒此金可鬻以作兵備故餽之孫曰爲兵爲于僞切史記孟嘗君傳曰潛王三年封嬰於薛嬰卒子文代立江永羣經補義以此薛君即田文故爲句論衡作故爲兵戒歸之備乎若於齊則未有處也無處而餽之是貨之也焉有君子而可以貨取乎朱曰取猶致也孫曰處昌呂切焉於虔切

孟子之平陸謂其大夫曰子之持戟之士一日而三失伍則去之否乎曰不待三趙曰平陸齊下邑也大夫治邑大夫也史記田完世家魯敗我平陸集解引徐廣曰東平平陸縣閻曰即今汶上縣是持戟之士蓋爲大夫守衞者五班次也失伍不在班也去之罷去也然則子之失伍也亦多矣凶年饑歲子之民老羸轉於溝壑壯者散而之四方者幾千人矣曰此非距心之所得爲也趙曰距心大夫名朱曰言此乃齊王失政使然非我所得專爲也曰今

歸重齊王乃一章意指所在

此章雖自言進退綽然實即後半致爲臣而歸引子

有受人之牛羊而爲之牧之者・則必爲之求牧與芻矣・求牧與芻而不得則反諸其人乎・抑亦立而視其死與・曰・此則距心之罪也・孫曰必爲之于僞切趙曰牧牧地以此喻距心不得自專何不致爲臣而去乎今案牧之之牧訓養周易謙象傳鄭注曰牧養也求牧之牧謂牧地周語曰國有郊牧韋注曰國外曰郊牧放牧之地也他日見於王曰・王之爲都者・臣知五人焉・知其罪者惟孔距心・爲王誦之・王曰此則寡人之罪也・趙曰孔姓也爲都治都也朱曰爲王誦其語欲以諷曉王也曰孫爲王于僞切左傳莊二十八年曰凡邑有宗廟先君之主曰都闔曰都與邑古多通稱

孟子謂蚳鼃曰・子之辭靈丘而請士師・似也・爲其可以言也・今既數月矣・未可以言與・趙曰蚳鼃齊大夫靈丘齊下邑士師治獄官也朱曰似也言所爲近似有理可以言謂士師近王得以諫刑罰之不中者孫曰蚳音遲鼃丁烏花切張烏媧切

爲其于僞切焦曰楊桓六書統引石經孟子作蟁蠹周廣業曰此石經當是蜀中所刻說文蚳字籀文从氏从䖵疑靈爲蟁字之譌也江永曰靈邱胡三省注通鑑謂卽漢清河郡之靈縣今之高唐夏津皆其地疑此說是楚魏皆嘗伐齊至靈邱正是漢清河郡今之東昌府地也蚳鼃諫於王而不用致爲臣而去禮記王制鄭注曰致政還君事也齊人曰所以爲蚳鼃則善矣所以自爲則吾不知也孫曰所以爲于僞切今案爲蚳鼃言爲蚳鼃謀也公都子以告趙曰公都子孟子弟子曰吾聞之也有官守者不得其職則去有言責者不得其言則去我無官守我無言責也則吾進退豈不綽綽然有餘裕哉朱曰孟子居賓師之位未嘗受祿故其進退之際寬裕如此禮記表記鄭注曰綽綽寬裕貌也

孟子爲卿於齊出弔於滕王使蓋大夫王驩爲輔行王驩朝暮見反齊滕之路未嘗與之言行事也趙曰蓋齊下邑也王

葬之厚薄乃儒墨之教所分此章具見仁孝悱惻之意

直刺扃奥之談

以治蓋之大夫王驩爲輔行輔副使也王驩齊之諂人有寵於王後爲右師孫曰蓋古盍切驩音歡閻曰漢書地理志泰山郡有蓋卽此今案漢蓋縣今山東沂水縣公孫丑曰齊卿之位不爲小矣齊滕之路不爲近矣反之而未嘗與言行事何也曰夫既或治之予何言哉趙曰既已也或有也今案驩爲副使蓋自專行事丑以孟子卿位不小於驩疑孟子當言孟子以爲彼既司其職我統其成而已又何必言邪其待小人不惡而嚴如此

孟子自齊葬於魯反於齊止於嬴趙曰孟子仕於齊喪母歸葬於魯嬴齊南邑閻曰春秋桓三年杜注云嬴今泰山嬴縣按嬴縣故城在萊蕪縣西北四十里充虞請曰前日不知虞之不肖使虞敦匠事嚴虞不敢請今願竊有請也木若以美然趙曰充虞孟子弟子朱曰嘗董治作棺之事者也嚴急也木棺木也以已通以美太美也詩閟宮鄭箋曰敦治也曰古者棺椁無度中古棺七寸椁稱之自天子達於庶人非直爲觀美也然後盡於人心

惻怛懇到藹然洽乎人心聖賢之學所以彌漫天下後世而爲天經地義者特此而已

趙曰古者棺槨厚薄無尺寸之度中古以來棺厚七寸槨薄於棺厚薄相稱也非直爲人觀視之美好厚者難腐朽然後能盡於人心所不忍也孫曰稱尺證切孔廣森經學卮言曰中古尚指周公以前周公制理則自天子至於庶人皆有等故喪大記曰君大棺八寸屬六寸下大夫大棺六寸屬四寸士棺六寸夫子制於中都亦爲四寸之棺五寸之槨是庶人不得棺槨同七寸矣檀弓舉殷人棺槨似殷始定棺槨尺寸之度孟子多言殷法也王引之釋詞曰直猶特也**不得不可以爲悅無財不可以爲悅得之爲有財古之人皆用之吾何爲獨不然**趙曰悅者孝子之欲厚送親得之則悅也王制所禁不得用之不可以悅也然如是也管子戒篇尹知章注曰爲猶與也王引之曰得之爲有財言得之與有財也檀弓子思與柳若論喪禮曰吾聞有其禮無其財君子弗行也有其禮有其財無其時君子弗行也得之與有財謂有其禮與有其財也**且比化者無使土親膚於人心獨無恔乎**今案比當讀爲庇莊子人閒世篇隱將芘其所藾釋文曰芘本亦作庇崔本作比是比庇芘三字通淮南精神篇注曰化猶死也趙曰恔快也孫曰恔音效丁音皎今案此言棺木美則庇護死者

斷制嚴正引喻精切孟子之時周衰不振久矣故孟子生平持議絕不以周室爲意勸齊梁皆以王道是也此文以王命爲喻非指周室也其意中隱然有所謂天吏者在焉下文所發明是也蓋有德可以王天下無德雖一國不當受耳　此章質健高朗全以峭折之氣行之通篇以燕伐燕一句爲主蓄而不露至末始行頓出全章之文全爲此句作勢而已可悟作文之法

無令土親肌膚於人子之心獨不快然無所恨乎吾聞之也君子不以天下儉其親趙曰我聞君子之道不以天下人所得用之物儉約於其親今案內府本無也字

沈同以其私問曰燕可伐與孟子曰可子噲不得與人燕子之不得受燕於子噲有仕於此而子悅之不告於王而私與之吾子之祿爵夫士也亦無王命而私受之於子則可乎何以異於是趙曰沈同齊大臣自以其私情問非王命也子噲燕王也子之燕相也子噲不受天子之命而擅以國與子之子之亦不受天子之命而私受國於子噲故曰其罪可伐論衡刺孟篇引仕作士古仕士字通王引之曰夫猶此也今案夫士士猶言此士也

齊人伐燕或問曰勸齊伐燕有諸曰未也沈同問燕可伐與吾應之曰可彼然而伐之也彼如曰孰可以伐之則將應之曰爲天吏則可以伐之今有殺人者或問之曰人可殺與

前文未盡之意於此折出不曰唯天子可以伐之其時固已無天子也一篇主意涵泳至末始出以燕伐燕絕世奇語

則將應之曰可彼如曰孰可以殺之則將應之曰為士師則可以殺之今以燕伐燕何為勸之哉趙曰言今齊國之政猶燕政也又非天吏我何為勸齊伐燕乎

燕人畔王曰吾甚慚於孟子史記燕世家曰齊湣王令章子將五都之兵以因北地之衆以伐燕燕君噲死齊大勝燕子之亡二年而燕人共立太子平是為燕昭王六國年表齊湣王十二年燕人共立太子平

陳賈曰王無患焉王自以為與周公孰仁且智王曰惡是何言也曰周公使管叔監殷管叔以殷畔知而使之是不仁也不知而使之是不智也仁智周公未之盡也而況於王乎賈請見而解之趙曰陳賈齊大夫也秦策高誘注引作姚賈孫曰監古咸切惡音烏王引之曰也猶邪也今案史記魯世家曰周公佐武王破殷封紂子武庚祿父使管叔蔡叔傅之以續殷祀武王崩周公攝行政當國管蔡武庚等率淮夷而反周公乃奉成王命興師

東伐遂誅管叔殺武庚書序曰武王崩三監及淮夷叛鄭注曰三監管叔蔡叔霍叔三人爲武庚監於殷國者也

見孟子問曰周公何人也曰古聖人也曰使管叔監殷管叔以殷畔也有諸曰然曰周公知其將畔而使之與曰不知也然則聖人且有過與曰周公弟也管叔兄也周公之過不亦宜乎荀子儒效篇曰周公以弟誅兄而非暴也史記管蔡世家曰武王同母弟十人母曰太姒其長子曰伯邑考次曰武王發次曰管叔鮮次曰周公旦是管叔爲周公之兄與孟子合朱注從之趙謂周公惟管叔弟也故愛之管叔念周公兄也故望之語意迂曲與正文顯然相盭其說非也蓋周公管叔次敘載籍不同有以管叔爲兄者史記外如韓詩外傳淮南泰族篇淮南齊俗注氾論注韋昭楚語注詩思齊疏引皇甫謐帝王世紀皆是也有以管叔爲弟者列女傳母儀篇白虎通姓名篇引詩傳高誘呂覽察微篇注察賢篇注傅子通志篇皆是也故或謂周公誅兄荀子及淮南泰族篇是也或謂周公誅弟鄧析子無厚篇淮南氾論篇褚少孫補史記三王世家引公戶滿意謂燕王曰後漢書樊儵傳儵對明帝白虎通

光燄四射所謂知言與善養浩然之氣二者兼到乃能爲此至文

凡文字之高者總以本意不輕吐爲要此下數章皆然孟子所以去齊之本懷弃未直行揭出也此章王留孟子之言乃戲語非實故孟子亦不以誠示之如使予欲富三句倒戟而出與上

誅伐篇魏志毋邱儉傳儉討司馬師表傳子舉賢篇是也或謂周公放兄誅弟淮南齊俗篇是也要之孟荀去周公未遠史遷又親見周室譜牒較諸家爲可信云程瑤田通藝錄曰周公斷無疑其兄畔之理故曰周公之過不亦宜乎論衡知實篇引過下有也字且古之君子過則改之今之君子過則順之古之君子其過也如日月之食民皆見之及其更也民皆仰之今之君子豈徒順之又從爲之辭趙曰孟子言此以譏賈不能匡君而欲以辭解之孫曰更古衡切論語微子篇孔注曰更改也禮記表記鄭注曰辭猶解說也翟曰賈三復石經明初監本陸佃鶡冠子注引從下有而字

孟子致爲臣而歸王就見孟子曰前日願見而不可得得侍同朝甚喜今又棄寡人而歸不識可以繼此而得見乎對曰不敢請耳固所願也得侍同朝謙詞言得承教孟子而同立於朝也甚喜王甚喜也他日王謂時子曰我欲中國而授孟子室養弟

文不貫中含詼詭之意以下亦全是詼詭之旨但就欲富推衍更不照應前文而所以不答齊請自在其中文情高絕收以征商自此賤丈夫始矣不知著意何在令人玩味無窮

季孫節開拓

子以萬鍾使諸大夫國人皆有所矜式子盍爲我言之

趙曰時子齊臣也王欲於國中央爲孟子築室矜敬也式法也盍何不也左傳昭三年杜注曰鍾六石四斗俞曰蓋齊王之意以爲孟子卿不欲仕吾將用其弟子中之賢者養之以萬鍾之祿使孟子得以安居齊國疑萬鍾是齊國卿祿之常額養之以萬鍾卿是使之爲卿孫曰爲我于僞切

時子因陳子而以告孟子

趙曰陳子孟子弟子陳臻

陳子以時子之言告孟子孟子曰然夫時子惡知其不可也如使予欲富辭十萬而受萬是爲欲富乎

孟子仕不受祿故辭者爲卿嘗辭十萬鍾之祿

季孫曰異哉子叔疑使己爲政不用則亦已矣又使其子弟爲卿人亦孰不欲富貴而獨於富貴之中有私龍斷焉

朱曰此孟子引季孫之語也季孫子叔疑不知何時人蓋子叔疑者嘗不用而使其子弟爲卿季孫譏其既不得於此又欲求得於彼如賤丈夫登龍斷者之所爲也孫曰龍斷陸云謂岡壟斷而高者如陸之釋則龍音壟今案陸善經孟子注今俗

俞曰斷讀爲敦敦與斷古得通用莊子逍遙遊篇一斷髮文身釋文云斷司馬本作敦是也爾雅釋丘曰丘一成爲敦丘郭注曰今江東呼地高堆者爲敦龍與敦皆土之高者

古之爲市也以其所有易其所無者有司者治之耳有賤丈夫焉必求龍斷而登之以左右望而罔市利人皆以爲賤故從而征之征商自此賤丈夫始矣

市也今本作市者阮校曰石經閩監毛三本韓本同孔本作者今案內府本作也文選魏都賦注引亦作也趙曰古者市置有司但治其爭訟不征稅也賤丈夫見市中有利罔羅而取之說文引孟子曰登壟斷而罔市利繫傳引作然則征商自賤丈夫始也

孟子去齊宿於晝

趙曰晝齊西南近邑也毛奇齡經問曰齊郡有晝邑城在臨淄縣西南相傳爲孟子出宿處阮曰孔本韓本晝作畫廣韻畫字云又姓爲晝邑大夫之後出風俗通孟子晝字不當改爲晝字焦曰周密齊東野語云高郵黃彥利謂孟子去齊宿晝讀如晝夜之晝非也史記田單傳晝邑注云齊西南近邑音獲故孟子三宿而出時人以爲濡滯也按史記集解引劉熙云晝音獲蓋即其孟子注裴駰引以爲晝

此章專寫孟子之高致有欲爲王四句記當日情事有無窮意思在筆墨之外

質直譙責氣象峻不可攀

邑之注是騶所見孟子本固作畫邪有欲爲王留行者．坐而言．不應．隱几而臥．孫曰爲于僞切隱於靳切據也客不悅曰．弟子齊宿而後敢言．夫子臥而不聽．請勿復敢見矣．趙曰齊敬也孫曰齊側皆切字亦作齋俞曰古宿與肅通儀禮特牲饋食禮禮記祭統篇鄭注並云宿讀爲肅齊宿猶齊肅也賈子保傅篇有司齊肅端冕楚語齊肅以承之並以齊肅連文曰．坐．我明語子．昔者魯繆公無人乎子思之側．則不能安子思．泄柳申詳無人乎繆公之側．則不能安其身．孫曰語魚據切繆音穆禮記雜記鄭注曰泄柳魯繆公時賢人也又檀弓注曰申詳子張子子爲長者慮．而不及子思．子絕長者乎．長者絕子乎．趙曰長者孟子自稱

孟子去齊．尹士語人曰．不識王之不可以爲湯武．則是不明也．識其不可．然且至．則是干澤也．千里而見王．不

孟子去齊有無限心事不能自吐故應著尹士一疑予三宿而出晝以下纏綿悱惻之衷褎裒宛轉如不欲盡一句百轉屈曲摹繪元氣淋漓爲言情無上文字

遇故去三宿而後出晝是何濡滯也士則茲不悅趙曰尹士齊人也干求也澤祿也朱曰澤恩澤也濡滯遲留也風俗通窮通篇引干澤作干祿高子以告趙曰高子亦齊人孟子弟子曰夫尹士惡知予哉千里而見王是予所欲也不遇故去豈予所欲哉予不得已也予三宿而出晝於予心猶以爲速王庶幾改之王如改諸則必反予翟曰宋刻本出上有後字漢紀孝文帝紀論爲唐等曰孟子去齊三宿而後出境水經淄水注俗以澅水爲宿留水孟子去齊三宿而後出澅故世以此而變水名也今案風俗通王庶幾改之之作諸王如改諸諸作之較今本勝當依校改夫出晝而王不予追也予然後浩然有歸志予雖然豈舍王哉王由足用爲善王如用予則豈徒齊民安天下之民舉安王庶幾改之予日望之朱曰浩然如水之流不可止也廣雅釋訓曰浩浩流也由與猶通論衡刺孟篇改之作改諸予豈若是小丈夫

五百年二句從空際突起矗立山立由周而來四句以淡筆承之得剛柔參用之妙

凡此等計較處皆極無聊賴之詞古人藉以寓其不平之意耳讀者泥以爲真則死煞柱下矣

然哉諫於其君而不受則怒悻悻然見於其面去則窮日之力而後宿哉（王引之曰是猶夫也是小丈夫小丈夫也孫曰悻丁云字當作婞形頂切很也直也又胡耿切字或作悻悻然論語音鏗見丁音現）尹士聞之曰士誠小人也

孟子去齊充虞路問曰夫子若有不豫色然前日虞聞諸夫子曰君子不怨天不尤人（趙曰路道也於路中問也易豫卦鄭注曰豫喜豫悅樂之貌也論衡刺孟篇篇引路作塗不豫上無有字）曰彼一時此一時也（論衡引彼一時下有也字文選答客難五一等諸侯論注引俱有也字）五百年必有王者興其閒必有名世者（名世能顯名於當世猶命世也漢書楚元王傳贊曰聖人不出其閒必有命世者焉三國志荀攸傳注文選西征賦注引均作命世論衡名世者下有矣字）由周而來七百有餘歲矣以其數則過矣以其時考之則可矣（朱曰周謂文武之閒

夫天未欲句擲筆空際以作感喟氣象萬千然後頓入如欲二句承明上意慷慨自任何等磊落末又著何爲不豫一句極無理解乃使當日神情宛然如見文字之妙絕非後人所有韓詩有云口前截斷第二句此等不知截斷幾千百句矣

孟子仕齊未受其祿觀上章辭十萬語及此章可見

久於齊一語藉丑問發明本意以結全篇

數謂五百年之期時謂亂極思治可以有爲之日也論衡引作由周以來夫天未欲平治天下也如欲平治天下當今之世舍我其誰也吾何爲不豫哉孫曰舍音捨論衡其誰作而誰文選陳太邱碑注同

孟子去齊居休公孫丑問曰仕而不受祿古之道乎趙曰休地名閻曰故休城在今兗州府滕縣北一十五里曰非也於崇吾得見王退而有去志不欲變故不受也趙曰崇齊地名朱曰孟子始見齊王必有所不合故有去志變謂變其本志繼而有師命不可以請久於齊非我志也趙曰言我本志欲速去繼有師旅之命不請去故使我久而不受祿耳久非我本志也翟曰考文本志作心

先大夫曰此篇前記勸滕文公行仁政遂闢異端後記遊宋兼明不見諸侯之義而以好辨終之

通體用筆簡當肅括主意止夫道一而已矣一句餘則雜引古語以證明之所引成覸諸人之言皆英偉有氣概與本旨相稱末別換意而不著一語第引書語便收尤峻絕

孟子文法讀本卷第三

霸縣高步瀛集解
桐城吳闓生評點

滕文公

滕文公爲世子將之楚過宋而見孟子禮記喪服小記鄭注曰世子天子諸侯之適子也孟子道性善言必稱堯舜禮記大學篇鄭注曰道言也世子自楚反復見孟子孟子曰世子疑吾言乎夫道一而已矣戴震孟子字義疏證曰生安困勉及其成功一也成覸謂齊景公曰彼丈夫也我丈夫也吾何畏彼哉顏淵曰舜何人也予何人也有爲者亦若是公明儀曰文王我師也周公豈欺我哉孫曰覸古莧切一音閑說文曰齊景公之勇臣有成覸者廣韻曰覸人名出孟子據此覸當作覸段玉裁說文解字注曰成覸淮南子齊俗訓作成荊猶考工記故書覸或作覴也焦曰漢書廣川王傳成慶卽成荊荊慶覸古字通也彼蓋指景公言卽所謂無嚴諸侯也禮記祭義注云公明儀曾子弟子吳辟畺曰文王治道之

父兄百官之疑陳相許行之沮皆瞑眩之類也神氣貫注後文全篇可作一章讀矣

精皆周公載之故云然今滕絕長補短將五十里也猶可以為善國釋名釋言語曰絕截也翟曰墨子非命篇曰古者湯封於亳絕長繼短方地百里文王封於岐周絕長繼短方地百里戰國策韓非說秦王曰今秦地形斷長續短方數千里莊辛對楚王曰今楚雖小絕長續短猶以數千里絕長補短乃當時通言又曰周禮醫師疏引孟子滕文公為世子將之楚過宋見孟子而謂之曰今滕絕長補短將五十里可以為善國乎以此為文公問辭未知何本今案翟引韓非見韓非子初見秦篇秦策作張儀說秦王書曰若藥不瞑眩厥疾不瘳趙曰書逸篇也瞑眩藥攻人疾先使瞑眩憒亂乃得瘳愈也孫曰瞑莫甸切眩音縣又作眠眴音同

滕定公薨趙曰定公文公父也古紀世本錄諸侯之世滕國有考公麋與文公之父定公相直焦曰世禮記檀弓邾婁考公之喪注云考或為定高誘注呂氏春秋淮南子皆云定成也隱公五年穀梁傳云考之者成之也是考與成字義皆通此考公所以為定公也世子謂然友曰昔者孟子嘗與我言於宋於心終不忘今也不幸至於大故吾欲使

子問於孟子然後行事趙曰然友世子之傅也大故謂大喪也然友之鄒問於孟子趙曰孟子歸在鄒也焦曰史記正義云今鄒縣去徐州滕縣四十餘里故可問而後行事孟子曰不亦善乎親喪固所自盡也曾子曰生事之以禮死葬之以禮祭之以禮可謂孝矣諸侯之禮吾未之學也雖然吾嘗聞之矣三年之喪齊疏之服飦粥之食自天子達於庶人三代共之朱曰所引曾子之言本孔子告樊遲者豈曾子嘗誦之以告其門人歟焦曰禮記檀弓云穆公之母卒使人問於曾子曰如之何對曰申也聞諸申之父曰哭泣之哀衰斬之情饘粥之食自天子達是孟子亦述曾子之言蓋嘗聞諸師者也今案齊孫作齎曰音資阮曰閩監毛三本孔本作齊韓本作齎作齊者經典假借字也作齎者正字也又案內府本亦作齎儀禮喪服傳曰斬者何不緝也齊者何緝也鄭注曰凡服上曰衰下曰裳疏猶麤也趙曰飦糜粥也孫曰飦諸延切然友反命定爲三年之喪父兄百官皆不欲曰吾宗國魯先君

莫之行吾先君亦莫之行也至於子之身而反之不可且志曰喪祭從先祖曰吾有所受之也趙曰父兄百官滕之同姓異姓諸臣也滕魯同姓俱出文王魯周公之後滕叔繡之後志記也周禮小史掌邦國之志朱曰魯祖周公爲長兄弟宗之故滕謂魯爲宗國也然謂二國不行三年之喪者乃其後世之失非周公之法本然也引志之言而釋其意以爲所以如此者蓋爲上世以來有所傳受雖或不同不可改也謂然友曰吾他日未嘗學問好馳馬試劍今也父兄百官不我足也恐其不能盡於大事子爲我問孟子然友復之鄒問孟子孟子曰然不可以佗求者也孔子曰君薨聽於冢宰歠粥面深墨即位而哭百官有司莫敢不哀先之也上有好者下必有甚焉者矣君子之德風也小人之德草也草尚之風必偃是在世子趙曰深甚也墨黑也以風加草莫不偃伏也是在世子以身帥

提筆鄭重直貫章末一氣呼應肸蠁相通蓋全章所言皆民事也

之也朱曰不我足謂不以我滿足其意也不可他求者言當求之於己孫曰好呼報切爲于僞切歠川悅切論語憲問篇集解引孔安國曰冢宰天官卿佐王治者也說文曰歠飲也論語顏淵篇尚作上釋文本作尚與孟子同吳辟畺曰此引孔子之言嗣君哀感則百官莫敢不哀以證世子若定行三年之喪則羣臣莫敢不從也

然友反命。世子曰：然。是誠在我。五月居廬，未有命戒。百官族人可謂曰知。及至葬，四方來觀之，顏色之戚，哭泣之哀，弔者大悅。趙曰諸侯五月而葬未葬居倚廬於中門之內也未有命戒居喪不言也爾雅釋詁曰悅服也吳辟畺曰百官二句當在五月之喪上亦世子之言也蓋世子聞孟子之言決行三年之喪乃曰此事在我而已百官族人豈可謂之曰智而令沮吾事乎今本二語在命戒下蓋訛奪也

滕文公問爲國。趙曰問治國之道也孟子曰：民事不可緩也。趙曰民事不可緩之使怠惰當以政督趣教以生產之務也詩云：晝爾于茅，宵爾索綯，亟其乘屋，其始播百穀。趙曰詩豳風七月之篇言教民晝取茅草夜索以爲綯綯絞也及爾

首民事不可緩也至爲仁不富矣乃是總冒以起下文教養二事

閒暇亟而乘蓋爾野外之屋春事起爾將始播百穀矣言農民之事無休已孫曰茅張云或作苗誤也索桑洛切綯音桃丁云亟音棘毛傳曰綯絞也鄭箋曰爾汝也汝于茅往取茅也亟急乘治也廣雅釋詁曰播布也

民之爲道也有恆產者有恆心無恆產者無恆心苟無恆心放辟邪侈無不爲已及陷乎罪然後從而刑之是罔民也焉有仁人在位罔民而可爲也孫曰侈張云諸本作移誤也罔張云或作司誤也是故賢君必恭儉禮下取於民有制朱曰恭則能以禮接下儉則能取民以制陽虎曰爲富不仁矣爲仁不富矣趙曰陽虎魯季氏家臣也朱曰虎之言此恐爲仁之害於富孟子引之恐爲富之害於仁也鹽鐵論地廣篇引楊子曰爲仁不富爲富不仁

夏后氏五十而貢殷人七十而助周人百畝而徹其實皆什一也徹者徹也助者藉也趙曰夏禹之世號夏后氏民耕五十畝貢上五畝耕七十畝者以七畝助公家耕百畝者徹取十畝以爲賦雖異名而多少同故曰皆什一也

徹猶人徹取物也藉者借也猶人相借力助之也今案三代田制田冪賦額多寡皆同不同者納賦之法耳顧炎武日知錄曰五十七十百畝特丈尺之不同而田未嘗易也王制曰古者以周尺八尺為步今以周尺六尺四寸為步錢塘溉堂考古錄曰蔡邕謂夏以十寸為尺殷以九寸為尺周以八寸為尺殷之尺非遂得夏之九寸也蓋九寸則不足周之尺非止得夏之八寸也蓋八寸而有餘夏之百分殷以為百一十二分周以為百二十五分通其率則五十之為五十六與六十也故同此一夫之田夏以廣十尺長五百尺為畝殷以廣八尺長五百六十尺為畝周以廣六尺長六百尺為畝步則夏以五尺殷以五尺六寸周以六尺一畝同長百步而夏廣二步殷廣一步五十六分步之二十四周廣一步故夫有異畝畝無異步步名異而實同由顧錢二說可徵田冪多寡之同也公羊宣十五年傳曰古者什一而藉什一者天下之中正也何休注曰什一以借民力以什與民自取其一為公田又曰一夫一婦受田百畝公田十畝卽所謂什一而稅也其言井田之制與漢書食貨志相同趙注五畝之宅亦同夏小正曰正月農及雪澤初服於公田是公田夏亦有之由殷周之制而推當夫受五畝在五十畝私田之外趙注雖未明言可以逆志得之此可徵賦額多寡之同也其不同者夏則以五畝貢上

及其弊也不問豐歉歲有常稅有如龍子所云者故殷人易之以助法八家合力而作而上收其公田之入及其弊也民不肯盡力公田有如何休所云者故周人易之以徹法周禮司稼曰巡野觀稼以年之上下出斂法是也蓋周以公田分授八家至斂時則合百一十畝之中而任徹取其十畝以爲賦此其納賦之法三代所不同者耳然其爲什一則同也說文曰商人七十而𦔳𦔳藉也考工記匠人注引作莇

龍子曰治地莫善於助莫不善於貢貢者校數歲之中以爲常趙曰龍子古賢人也翟曰舊趙注本挍字从手作挍當與下學校字不同今案内府本作校說文無挍字乃後出字耳翟說未是

樂歲粒米狼戾多取之而不爲虐則寡取之凶年糞其田而不足則必取盈焉趙曰樂歲豐年狼戾猶狼藉也粒米粟米之粒也饒多狼藉棄捐於地今案糞田壅田使肥也取盈取其稅滿常數也鹽鐵論未通篇曰樂歲粒米梁糲而寡取之梁糲狼戾卽同聲通假也

爲民父母使民盻盻然將終歲勤動不得以養其父母又稱貸而益之使老稚轉乎溝壑惡在其

爲民父母也
趙曰盻盻勤苦不休息之貌稱舉也孫曰盻說文五禮切恨視也亦匹莧切丁作盻
許乙切今案說文切音乃徐鉉本唐韻增入今本盻作胡計切與孫引異阮曰肹骨古通用肹肹猶肩肩方言
云肩肩不安也賈昌朝羣經音辨曰取於人曰貸他得切廣雅釋詁曰貸借也楚辭大招王逸注曰稚幼也文
選王命論注引末句無其字
夫世祿滕固行之矣
朱曰孟子嘗言文王治岐耕者九一仕者世祿二者王政之本也今世祿滕已行之惟助法未行故取於民者無制耳
詩云雨我公田遂及我私惟助爲有公田由此觀之雖周亦助也
趙曰詩小雅大田之篇孫曰雨于付切今案考工記注引助作莇
設爲庠序學校以教之
庠者養也校者教也序者射也夏曰校殷曰序周曰庠學則三代共之皆所以明人倫也
陳祥道禮書曰校庠序者鄉學也鄉飲酒主人迎賓於庠門之外鄉飲不率教者耆老皆朝於庠則庠鄉學名也周官州長會民射於州序黨正屬民飲酒則於序則序亦鄉學名也鄭人之所欲毀者謂之鄉校則校亦鄉學名也李光地孟子劄記曰夏之時鄉爲置校

自夏后氏五十而貢至雖周亦助也言制田之法乃養民之事自設爲庠序至所以明人倫也言立學之規乃教民之事然後以人倫明於上二語總束之以王者取法意作收章法完密

而已殷之時州莫不有序焉周人修而兼用之而黨庠以偏黨近於民故主於上齒尊長而以養爲義鄉近於國故總乎德行道藝而以教爲義州則自黨而升而將賓於鄉故修乎禮樂容飾而以射爲義此則自上而下其法寖備也今案庠養校教序射皆聲訓漢書儒林傳及說文皆曰殷曰庠周曰序史記儒林傳蔡邕獨斷則與孟子合焦曰學謂大學也庠序校皆鄉學在郊大學在城中王宮之左三代同名爲學無異名也趙曰人倫者人事也猶洪範曰彝倫攸敘謂常事所敘也人倫明於上小民親於下有王者起必來取法是爲王者師也詩云周雖舊邦其命維新文王之謂也子力行之亦以新子之國趙曰詩大雅文王之篇言周雖后稷以來舊爲諸侯其受王命惟文王新復修治禮義以致之耳以是勸勉文公欲使庶幾新其國也公羊傳莊三十二年曰君存稱世子君薨稱子某既葬稱子踰年稱公禮記坊記曰未沒喪不稱君使畢戰問井地趙曰畢戰滕臣也考工記注引公又問井田詩甫田疏引作使畢戰問井田孟子曰子之君將行仁政選擇而使子子必勉之夫仁政必

井田經界其語繁碎若加入前半則文法淩亂脈絡不明故別出畢戰一問以足成之于是前後各得其宜秩然有條不紊而皆得其所安此謀篇細密處皆從心苦分明中得來也

自經界始・經界不正・井地不鈞・穀祿不平・是故暴君汙吏必慢其經界・經界既正・分田制祿・可坐而定也・朱曰經界謂治地分田經畫其溝塗封植之界也此法不修則田無定分而豪強得以兼并故井地有不均賦無定法而貪暴得以多取故穀祿有不平孫曰汙烏路切又音烏阮曰鈞石經岳本咸淳衢州本廖孔韓考文古本足利本同閩監毛三本作均今案內府本作鈞詩信南山疏引作井田不均鈞均字通爾雅釋言曰穀祿也汙吏周禮小司徒注引作姦吏俞曰慢之言漫也文選甘泉賦李善注曰漫漫無厓際之貌言經界不正漫然無厓際也字亦作縵漢書食貨志注曰縵田田不爲甽者也

夫滕壤地褊小・將爲君子焉・將爲野人焉・趙曰爲有也吳辟畺曰將爲二句言欲爲君子乎欲爲小人乎趙注以爲爲有恐非本義無君子莫治野人・無野人莫養君子・鹽鐵論相刺篇引作非君子莫治小人非小人莫養君子請野九一而助・國中什一使自賦・朱曰野郊外都鄙之地也國中郊門之內鄉遂之地也今案詩彼都人士鄭箋曰而如也九一而助即下所言井九百畝

八家皆私百畝同養公田九夫稅一如殷之助法什一使自賦卽夫田百一十畝而以十畝爲賦如夏之貢法其實皆什一也所謂九一什一者非謂九分之一什一分之一或謂國中役多故賦輕野役少故賦重非也考工記注詩甫田疏禮記王制疏並引作野九夫而稅一國中什一

卿以下必有圭田・圭田五十畝・餘夫二十五畝・孫蘭輿地隅說曰九章方田有計圭田法圭者合二勾股之形蓋井田之外零星不井者也公羊傳宣十五年何注曰一夫一婦受田百畝五口爲一家多於五口名曰餘夫餘夫以率受田二十五畝說文曰田五十畝曰畦焦曰文選注引劉熙注云今俗以二十五畝爲小畦以五十畝爲大畦然則餘夫二十五畝亦蒙上文圭田而言周禮載師注通典食貨典引鄉上並有自字

死徙・無出鄉・鄉田同井・出入相友・守望相助・疾病相扶持・則百姓親睦・趙曰死謂葬死也徙謂爰土易居平肥磽也出入相友相友耦也守望相助助察姦也疾病相扶持扶持其羸弱救其困急皆所以敎民相親睦之道睦和也漢書食貨志引作出入相友守望相助疾病相救周禮太宰疏引作疾病相扶阮曰爰土卽國語之轅田賈侍中云轅易也爲易田之法左傳作爰田

此乃大片段文字一氣盤旋到底淋漓恣放最見孟子偉岸氣象自篇首至惡得賢乃是設案先將原委敘明以下便可任情排擊無所瞻徇自孟子曰至不可耕且爲也詰難陳相如飄風急雨之驟至其勢至迅急卻是儘力盤旋然則治天下獨可耕且爲歟一句始將主意逼出精神畢見故曰或勞心一

方里而井井九百畝其中爲公田八家皆私百畝同養公田公事畢然後敢治私事所以別野人也朱曰此詳言井田之制公田以爲君子之祿而私田野人之所受先公後私所以別君子野人之分也不言君子省文耳孫曰別彼列切考工記匠人疏詩甫田疏引並無敢字此其大略也若夫潤澤之則在君與子矣趙曰略要也其井田之大要如是而加慈惠潤澤之則在滕君與子共戮力撫循之也

有爲神農之言者許行自楚之滕踵門而告文公曰遠方之人聞君行仁政願受一廛而爲氓文公與之處其徒數十人皆衣褐捆屨織席以爲食趙曰許姓行名也治爲神農之道者踵至也廛居也氓野人之稱褐以毳織之若今馬衣者也捆猶叩椓也織屨欲使堅故叩之也孫曰行丁音衡又下孟切踵之隴切衣於既切捆丁音閫許叔重曰捆織也埤蒼曰捆敂也从才从木者誤也張作裍今案漢書藝文志農家有神農二十篇原注曰六國時諸子疾時怠農業道耕農事託之神農許行治神農之言卽此

段仍用連字綴句以束其氣乃與上文相稱當堯之時以下連接數大段皆難並耕之説氣勢如重山複嶺排疊壓下又如江潮海浪複沓犇至不可抵禦而雲雷鱗介珍怪之屬咸起沒乎其中雖欲耕得乎聖人之憂民如此而暇耕乎堯舜之治天下至亦不用於耕耳等句皆有千鈞之力始得一一束住堯以不得舜爲己憂三句乃横插文中如奇峯天外飛來奇兵突然而至首尾夭矯傲岸非常尤爲奇横獨絶蓋孟子意中獨能窺見堯舜所以爲大之處故不假裝頭蓋面徑自衝口噴出精到宏括如此分人以財以下反復申明此意

類也陳良之徒陳相與其弟辛負耒耜而自宋之滕曰聞君行聖人之政是亦聖人也願爲聖人氓趙曰陳良儒者也陳相見許行而大悅盡棄其學而學焉陳相見孟子道許行之言曰滕君則誠賢君也雖然未聞道也賢者與民並耕而食饔飧而治今也滕有倉廩府庫則是厲民而以自養也惡得賢趙曰相言許子以爲賢君當與民並耕而各自食其力饔飧熟食也朝曰饔夕曰飧朱曰許行此言蓋欲陰壞孟子分別君子野人之法孫曰饔音雍飧音孫論語子張篇集解引王肅曰厲病也孟子曰許子必種粟而後食乎曰然許子必織布而後衣乎曰否許子衣褐許子冠乎曰冠曰奚冠曰冠素曰自織之與曰否以粟易之曰許子奚爲不自織曰害於耕曰許子以釜甑爨以鐵耕乎曰然自爲之與曰

有此橫衝逆截之筆通體文勢乃益奇恣不可思議吾聞用夏變夷又換一意亦先用筆逆攝之師死而遂倍之責陳相沈至南蠻鴂舌二句斥許行痛切皆筆力過絕人處魯頌曰等句處處提絜倒落使無一字平塌以助其勢從許子之道以下更著此兩段文體乃益沈厚綿密非陳相至此尚能強辨也篇末從許子之道三句始將許子私情一語喝破是虛空霹靂勾魂攝魄手段前路文勢雖銳厲鋒發尚僅從理路上闢並耕之不可行爲偽一語留遏至此始盡情揭破底蘊無餘使彼無立足之地以此知文章正意必留至末乃發也

否以粟易之趙曰爨炊也朱曰鐵耜屬也此語八反皆孟子問而陳相對也孫曰與音餘阮曰然後衣乎石經廖本孔本閩本同監毛韓然誤而今案內府本亦作然以粟易械器者不爲厲陶冶陶冶亦以其械器易粟者豈爲厲農夫哉且許子何不爲陶冶舍皆取諸其宮中而用之何爲紛紛然與百工交易何許子之不憚煩曰百工之事固不可耕且爲也趙曰舍者止也孫曰舍丁音赦朱曰此孟子言而陳相對也陶爲甑者冶爲釜鐵者焦曰械器指釜甑耕犂而言毛奇齡曰舍皆取諸其宮中而用之言止取諸宮中不須外求也翟曰宋刻九經本械器作器械然則治天下獨可耕且爲與有大人之事有小人之事且一人之身而百工之所爲備如必自爲而後用之是率天下而路也故曰或勞心或勞力勞心者治人勞力者治於人治於人者食人治人者食於人天下之通

不爲厲陶冶豈爲厲農夫哉眼光注定厲民而盤桓作勢空中翔舞不肯輕落且許子何不爲陶冶再起盤旋聲勢俱足此等絕大翻騰三代後文字絕迹無繼起者至治天下獨可耕且爲歟一語一落千丈單刀剸入矣

當堯之時句開拓遠

義也。趙曰是率導天下之人以羸路也孫曰丁張並云路與露同食人音嗣食於人如字阮曰小人閩監毛三本孔本韓本同石經考文古本人作民路與露古通用露羸見於古書者多矣大雅串夷載路鄭箋以瘠釋路今案左傳襄九年知武子魯語公父文伯之母敬姜並有君子勞心小人勞力之語蓋孟子引古語故加故曰二字焦曰治人以下則孟子申上之辭也

當堯之時。天下猶未平。洪水橫流。氾濫於天下。草木暢茂。禽獸繁殖。五穀不登。禽獸偪人。獸蹄鳥跡之道。交於中國。朱曰獸蹄鳥迹交於中國言禽獸多也氾濫橫流之貌今案文選三國名臣贊注引洪作鴻淮南氾論篇注曰繁衆也魯語韋昭注曰殖長也爾雅釋詁曰登成也呂覽明理篇高誘注曰成熟也不登卽不熟也焦曰偪古逼字爾雅釋言云逼迫也

堯獨憂之。舉舜而敷治焉。舜使益掌火。益烈山澤而焚之。禽獸逃匿。趙曰掌主也主火之官猶古火正也史記夏本紀集解引馬融曰敷分也俞曰烈與迾通說文迾遮也

禹疏九河。瀹濟漯。而注諸海。決汝漢。排淮泗。而注之江。然

後中國可得而食也。趙曰疏通也瀹治也排壅也孫曰瀹丁音藥濟子禮切漯他合切今案爾雅釋水舉九河之名曰徒駭太史馬頰覆鬴胡蘇簡絜鉤盤鬲津詩般疏引鄭玄曰河水自上至此流盛而地平無岸故能分為九以衰其勢壅塞故通利之也周時齊桓公塞之同為一河今河間弓高以東至平原鬲津往往有其遺處焉說文濟本字作泲漯本字作濕王鳴盛尚書後案曰以水經注元和志寰宇記諸書考之濟水最南漯水在中河水最北今小清河所經自歷城以東如章邱長山新城高苑博興樂安諸縣皆古濟水所行而大清河所經自歷城以上至東阿固皆濟水故道而行自歷城東北如濟陽齊東青城諸縣則皆古漯水所行蒲臺以北則古河水所經蓋宋時河嘗行漯瀆及河去則大清河兼行河漯二瀆其小清河則斷為濟瀆水故道也說文決行流也朱駿聲曰掘地而注之曰決焦曰趙氏以壅解排義為至精壅與雍同周禮注壅氏注云雍謂隄防止水者也淮將南溢蔽塞其南以拒之壅卽排之使東去也說者疑淮泗不入江乃汝入淮亦不入江而孟子以汝漢並稱為決下承注江何邪蓋淮自桐柏而東在上則汝潁沙渦等水入之在下則泗挾沂入之以一淮受諸水泗口以東地勢散渙難於專流入海故在上則決之在下則排之何為壅於泗口之下築隄以東之不使其流漲洩於樊良射陽之間排之令東挾泗入海而不致南漲於江矣乃壅障之功施於泗入淮以下可以壅泗而汝潁諸流之入於淮者不可以此壅之故於泗口以西決之使注於江此地泗未入淮所決者淮實決汝也泗既入淮所壅者淮實壅泗也言排泗而沂在其中言決汝而潁渦等水在其中下以泗與淮並言明泗入淮此汝即入淮之汝不可云決淮汝致與下句杳複故云決汝漢是時漢在安豐之間入江汝入淮而決之入江蓋與漢合故云決汝漢謂決汝以合於漢而南注之江也以上文言注海故此但言注江此古人屬文互見之法也以今推之汝水至汝寧鳳陽之間汝口入淮至霍邱西決出會於巢湖入江淮決即汝決而汝入淮之勢洩矣又東則潁水自潁上縣入淮沙水渦水自懷遠縣入淮而淮勢又盛至盱眙又決出由天長六合入江而潁沙渦諸水入淮之勢又洩矣又東沂泗乃自宿遷入淮而淮勢又盛遂不決之入江轉壅障入江之路排之使專由安東注海汝入淮則決之使合漢水以注之江泗入淮則壅之使並入於海故云決汝漢排淮泗而注之江自漢不至安豐而汝漢之合遂莫可解詩江漢孔氏正義引大別在廬江安豐縣界則江漢合處在揚州之境也王引之曰之猶諸也之諸一聲之轉互文耳

當是時也禹八年

每到著要處必先提筆以振其氣故能軒昂跌宕讀之但覺神光離合倏爚倡人

於外三過其門而不入雖欲耕得乎尚書禹貢疏引孟子曰禹三過門不入其家后稷教民稼穡樹藝五穀五穀熟而民人育趙曰棄爲后稷也樹種藝殖也五穀謂稻黍稷麥菽也五穀所以養人故言民人育也人之有道也飽食煖衣逸居而無教則近於禽獸聖人有憂之使契爲司徒教以人倫父子有親君臣有義夫婦有別長幼有序朋友有信王念孫曰人之有道言人之爲道如此也焦曰梁惠王篇吾推其所爲說苑引作吾推其所有詩大雅婦有長舌大戴記本命注作婦爲長舌是有爲二字古通聖人有憂之言又憂之也又字承上文憂洪水而言孫曰契音薛放勳曰勞之來之匡之直之輔之翼之使自得之又從而振德之聖人之憂民如此而暇耕乎趙曰放勳堯號也使自得其本善性又復從而振其羸窮加德惠也孫曰放方往切日作日日丁音馹又曰勞來丁云並去聲阮曰孔本作日石經閩監毛三本韓本作日今案內府本亦作日爾雅釋言曰勞來勤也又曰

以上皆闢並耕之說以下斥變夷吾聞二語超拔飛動如神龍掉尾凡文字中轉換處宜規摹此種

匡正也蓋勞之來之勤民也匡之直之正民邪妄也輔之使立翼之使行以上堯言也呂覽季春紀高誘注曰振救也吳辟畺曰使自得之二句絕非典謨語氣堯言止輔之翼之以下孟子言也堯以不得舜爲己憂舜以不得禹皐陶爲己憂夫以百畝之不易爲己憂者農夫也詩甫田毛傳曰易治也孫曰易以豉切分人以財謂之惠教人以善謂之忠爲天下得人者謂之仁是故以天下與人易爲天下得人難孫曰爲于僞切孔子曰大哉堯之爲君惟天爲大惟堯則之蕩蕩乎民無能名焉君哉舜也巍巍乎有天下而不與焉堯舜之治天下豈無所用其心哉亦不用於耕耳趙曰天道蕩蕩乎大無私生萬物而不知其所由來堯法天故民無能名堯德者也舜得人君之道哉德盛乎巍巍乎有天下之位雖貴盛不能與益舜巍巍之德言德之大大於天子位也論語泰伯篇孔注曰則法也包注曰蕩蕩廣遠之稱又曰巍巍高大之貌今案以上闢並耕之說吾

彼所謂豪傑之士也句一揚下三句乃痛抑之揚之者所以爲抑落作勢也凡文字之所以有生龍活虎跳脫之勢者皆賴此等手法耳

昔者句又開

此三語以江漢秋陽喻孔子之大以濯之暴之喻教化之神也淺者幾謂孔子爲江漢秋陽所濯暴便復不成話說矣

聞用夏變夷者未聞變於夷者也陳良楚產也悅周公仲尼之道北學於中國北方之學者未能或之先也彼所謂豪傑之士也子之兄弟事之數十年師死而遂倍之孫曰倍丁云義當作偝古字借用耳下子倍同牟融理惑論引作吾聞用夏變夷未聞用夷變夏者也昔者孔子沒三年之外門人治任將歸入揖於子貢相嚮而哭皆失聲然後歸子貢反築室於場獨居三年然後歸禮記檀弓篇曰事師服勤至死心喪三年趙曰任擔也失聲悲不能成聲場孔子冢上祭祀壇場也孫曰任丁而針切云治任謂治任擔之具他日子夏子張子游以有若似聖人欲以所事孔子事之彊曾子曾子曰不可江漢以濯之秋陽以暴之皜皜乎不可尚已史記仲尼弟子列傳曰孔子既沒弟子思慕有若狀似孔子弟子相與共立爲師師之如孔子時也趙曰曾子以爲聖人之絜白如濯之江漢暴之秋陽

吾聞句再用挺接之筆以足其勢

周公句亦將落先揚之筆勢也

不善變矣將變夷意緻清用法明細

秋陽周之秋夏五六月盛陽也皜皜甚白也朱曰尚加也言夫子道德明著光輝潔白非有若所能彷彿也孫彊作強內府本亦作強孫曰強其丈切暴蒲木切皜音杲今也南蠻鴃舌之人非先王之道子倍子之師而學之亦異於曾子矣趙曰鴃伯勞也孫曰鴃丁音決又古役切今案鴃舌謂其聲不正喻許行並耕之說吾聞出於幽谷遷於喬木者未聞下喬木而入於幽谷者出自幽谷遷於喬木見小雅伐木之篇魯頌曰戎狄是膺荊舒是懲周公方且膺之子是之學亦爲不善變矣趙曰詩魯頌閟宮之篇也膺擊也懲艾也孫曰膺丁本作應云案古訓應訓當此注訓擊蓋以當對是擊敵之義故轉訓耳詩閟宮孔疏曰楚一名荊舒楚之與國史記建元以來侯者年表引詩舒作荼今案以上責陳相倍師而學許行也從許子之道則市價不貳國中無僞雖使五尺之童適市莫之或欺布帛長短同則賈相若麻縷絲絮輕重同則賈相若五穀多寡同則賈

相若。屨大小同。則賈相若。朱曰陳相又言許子之道如此蓋神農始為市井故許行又託於神農而有是說也孫曰賈音價下同 曰夫物之不齊。物之情也。或相倍蓰。或相什百。或相千萬。子比而同之。是亂天下也。巨屨小屨同賈。人豈為之哉。從許子之道。相率而為僞者也。惡能治國家。趙曰夫萬物好醜異賈精粗異功其不齊同乃物之情性也蓰五倍也什十倍也朱曰倍一倍也孫曰蓰丁音師云从竹下徙又音灑山綺切史記作倍灑又曰比丁音鼻阮曰百孔本石經同閩監毛三本韓本作伯今案內府本作百作伯者通借字楚辭九歌王逸注曰齊同也吳語韋昭注曰比合也言合而同之但論其形之大小不問其工之精粗人豈復為精者哉

墨者夷之。因徐辟而求見孟子。趙曰夷之治墨家之道者徐辟孟子弟子也孫曰辟音璧又音闢 孟子曰。吾固願見。今吾尚病。病愈。我且往見。夷子不來。王引之曰不勿也 他日又求見孟子。孟子曰。吾今則

折衷得閒而入用筆亦婉約微至凡手當此以薄爲其道也下必徑接然而云云如此則文氣迫隘涉直矣此獨於偪仄界中更騰挪施展以此見古人筆力雄厚處

可以見矣不直則道不見我且直之孫曰不見音現詩小明毛傳曰正人之曲曰直吾聞夷子墨者墨之治喪也以薄爲其道也夷子思以易天下豈以爲非是而不貴也然而夷子葬其親厚則是以所賤事親也朱曰易天下謂移易天下之風俗也焦曰墨子節葬篇云古聖王制爲葬埋之法曰棺三寸足以朽體衣衾三領足以覆惡以及其葬也下毋及泉上毋通臭壟若參耕之畝則止矣此以薄爲道也徐子以告夷子夷子曰儒者之道古之人若保赤子此言何謂也之則以爲愛無差等施由親始趙曰之夷子名也言儒家曰古之治民若安赤子此何謂乎之以爲當同其恩愛無有差次等級相殊也但施愛之事先從己親屬始耳禮記大學篇注曰道言也若保赤子見周書康誥篇徐子以告孟子孟子曰夫夷子信以爲人之親其兄之子爲若親其鄰之赤子乎彼有取爾也赤子匍匐將入井非赤子之罪

而夷子二本何也詰之之詞古書何字或書爲胡後人不解胡也之義因臆改爲故耳

婉切幽雋沁入心脾

也朱曰孟子言人之愛其兄子與鄰之子本有差等書之取譬本爲小民無知而犯法如赤子無知而入井耳王引之曰爲若有若也江聲曰保赤子者必能扶持防護之使不至於入井保民者當明其政教以教道之使不陷於罪戾此孟子說書之意且天之生物也使之一本而夷子二本故也吳辟疆曰故當作胡胡也即何也古書胡字多作故墨子尚賢篇王公大人故不察尚賢之本也故一作胡管子侈靡篇公將有行故不送公亦以故爲胡國策吾爲子殺之亡之胡如以胡如爲何如尤爲胡何通用之確證孟子言生物唯有一本今夷子既爲墨學而又附於儒是二本矣此何說也蓋上世嘗有不葬其親者其親死則舉而委之於壑他日過之狐狸食之蠅蚋姑嘬之其顙有泚睨而不視夫泚也非爲人泚中心達於面目蓋歸反虆梩而掩之掩之誠是也則孝子仁人之掩其親亦必有道矣趙曰上世未制禮之時壑路旁坑壑也嘬攢共食之也顙額也泚汗出泚泚然也見其親爲獸蟲所食形體毀敗中心慙故汗泚泚然出於額

此章主旨本說枉己斷不能直人卻通篇不露此意祇在枉尺直尋上般桓較量簡子王良一段盡是虛設之言直至篇末且子過矣一轉始將正意點出乃使通篇倍有精神以此知文章不必意奇全在遏抑控縱蓄勢之妙也

非爲他人而慙也自出其心聖人緣人心而制禮也虆梩籠臿之屬可以取土者也朱曰睨邪視也不能不視而又不忍正視哀痛迫切不能爲心之甚也孫曰蚋張音汭云諸本或作蟰誤也丁云蟰未詳所出一說云蟰姑卽螻姑也嘬楚怪切泚七禮切睨音詣虆力追切土籠也或作蔂梩力知切土輂也阮曰狸石經作貍今案內府本亦作貍考工記車人鄭司農注引泚作疵徐子以告夷子。夷子憮然爲閒曰。命之矣。趙曰爲閒有頃之間也朱曰命猶教也言孟子已教我矣孫曰憮音武一切經音義引三蒼曰憮然失意貌也

陳代曰。不見諸侯。宜若小然。今一見之。大則以王。小則以霸。且志曰。枉尺而直尋。宜若可爲也。趙曰陳代孟子弟子也朱曰小謂小節也王引之曰宜猶殆也詩閟宮傳曰八尺曰尋翟曰文子上義篇屈寸而申尺小枉而大直聖人爲之尸子引孔子曰詘寸而信尺小枉而大直吾爲之也陳代所云志者或卽此等書孟子曰。昔齊景公田。招虞人以旌。不至。將殺之。趙曰虞人守苑囿之吏也招之當以皮冠

如以利一轉妙絕無中生有一粒粟中化出大千世界矣

而以旌故不至也周禮田僕鄭注曰田獵也左傳昭二十年齊侯田于沛招虞人以弓不進公使執之辭曰昔我先君之田也旃以招大夫弓以招士皮冠以招虞人臣不見皮冠故不敢進乃舍之仲尼曰守道不如守官君子韙之與孟子異

志士不忘在溝壑勇士不忘喪其元孔子奚取焉取非其招不往也如不待其招而往何哉

趙曰志士守義者也君子固窮故常念死無棺槨沒溝壑而不恨也勇士義勇者也元首也以義則喪首不顧也朱曰此二句乃孔子歎美虞人之言韓詩外傳巫馬期曰吾嘗聞之夫子勇士不忘喪其元志士仁人不忘在溝壑

且夫枉尺而直尋者以利言也如以利則枉尋直尺而利亦可為與

風俗通十反篇曰孟軻稱不枉尺以直尋況於枉尋以直尺

昔者趙簡子使王良與嬖奚乘終日而不獲一禽嬖奚反命曰天下之賤工也或以告王良良曰請復之彊而後可一朝而獲十禽嬖奚反命曰天下之良工也簡子曰我使掌與

借王良口中點染

如枉道句一語拍合

汝乘。趙曰趙簡子晉卿也王良善御者也嬖奚簡子幸臣掌主也孫彊作强曰其丈切左傳哀二年郵無卹御簡子杜注曰郵無卹王良也謂王良。良不可。曰吾爲之範我馳驅。終日不獲。一爲之詭遇。一朝而獲十。趙曰範法也自孔六帖引此文及注曰謂以法式爲御故不獲禽詭譎也不依御故苟得矣孫曰範我或作范范氏范氏古之善御者今案班固東都賦曰由基發射范氏施御弦不睼禽轡不詭遇何承天詩顧爲范氏驅雍容步中纖豈效詭遇予馳騁趣危機皆本孟子此文是六朝以前本有作范氏者廣雅釋天曰不垝遇垝詭字通詩云。不失其馳。舍矢如破。我不貫與小人乘。請辭。趙曰詩小雅車攻之篇也貫習也朱曰言御者不失其馳驅之法而射者發矢皆中而力今嬖奚不能也孫曰舍音捨王引之曰如猶而也舍矢而破言其中之速也御者且羞與射者比。比而得禽獸。雖若丘陵。弗爲也。如枉道而從彼。何也。朱曰若邱陵言多也孫曰比必二切論語爲政篇孔注曰阿黨爲比且子過矣。枉己者未有能直人者也。

景春口中說得儀衍甚有聲勢而孟子以一語撇卻何等崢嶸子未學禮乎接得不測用逆筆之妙也丈夫之冠也二句截斷卻說女子以順爲正乃妾婦之道不必更點儀衍而其意已足居天下之廣居以下光明正大可以軒天地而質鬼神退之文起八代之衰止是得此等氣象耳看來鼎鼎一段大文無所依傍卻是從丈夫之冠二句尋根而出蓋既爲丈夫當其冠時父之命之未嘗不望其如此也此乃篇法奇處此之謂大丈夫又

景春曰公孫衍張儀豈不誠大丈夫哉一怒而諸侯懼安居而天下熄趙曰景春孟子時人史記張儀傳曰張儀者魏人也犀首者魏之陰晉人也名衍姓公孫氏集解引司馬彪曰犀首者魏官名鹽鐵論褒賢篇熄作息孟子曰是焉得爲大丈夫乎子未學禮乎丈夫之冠也父命之女子之嫁也母命之往送之門戒之曰往之女家必敬必戒無違夫子以順爲正者妾婦之道也孫曰焉於虔切安也冠音貫女音汝江永曰父命之者迎賓冠子父主其事至於士冠禮諸祝辭皆賓祝之非父命也父醮則有辭矣閻曰門即父母家之門今人或以爲壻不知婦人迎送不出門又內言不出於梱母送女至婿家古無是也然孟子所言與儀禮士昏禮記不同記云父送女命之曰戒之敬之夙夜毋違命母施衿結帨曰勉之敬之夙夜無違宮事庶母及門內施鞶申之以父母之命命之曰敬恭聽宗爾父母之言夙夜無愆視諸衿鞶大抵孟子言禮多主大綱抑儀禮定於周初而列國行之久頗各隨其俗歟居天下之廣居立天下之正位

收合景春語

先問三月無君則弔後問出疆載質則文勢磊落不平

行天下之大道。得志與民由之。不得志獨行其道。富貴不能淫。貧賤不能移。威武不能屈。此之謂大丈夫。朱曰廣居仁也正位禮也大道義也淫蕩其心也移變其節也屈挫其志也

周霄問曰。古之君子仕乎。趙曰周霄魏人也孟子曰。仕。傳曰。孔子三月無君。則皇皇如也。出疆必載質。公明儀曰。古之人三月無君則弔。孫曰質音贄云義與贄同今案孟子引傳及公明儀言以明君子之必仕楚辭離世篇注曰皇皇惶遽貌文選歸去來辭注引作遑遑三月無君則弔。不以急乎。朱曰周霄問也以己通太也曰。士之失位也。猶諸侯之失國家也。禮曰。諸侯耕助以供粢盛。夫人蠶繅以爲衣服。犧牲不成。粢盛不潔。衣服不備。不敢以祭。惟士無田。則亦不祭。牲殺器皿衣服不備。不敢以祭。則不敢以宴。亦不足弔

趣語

乎・禮記祭統曰諸侯耕於東郊以共齊盛夫人蠶於北郊以共冕服鄭注曰齊或為粢祭義曰諸侯為藉百畝冕而青紘躬秉耒事天地山川社稷先古以為醴酪齊盛於是乎取之注曰藉藉田也借民力治之以祭義又曰古者天子諸侯必有公桑蠶室卜三宮之夫人世婦之吉者使入蠶於蠶室奉種浴于川桑于公桑風戾以食之世婦卒蠶奉繭以示于君遂獻于夫人及良日夫人繅三盆手遂布于三宮夫人世婦之吉者使繅以為黼黻文章君服以祀先王先公趙曰牲必特殺故曰殺皿所以覆器者也孫曰粢音咨盛音成繅素刀切公羊傳十四年何休注曰黍稷曰粢在器曰盛說文曰齍稷也字又作粢粢與粢齍字同皿為慎之假借慎與纂字通周禮天官有冪人穀梁傳成十九年曰宮室不設不可以祭衣服不修不可以祭車馬器械不備不可以祭有司一人不備其職不可以祭曲禮曰無田祿者不設祭器王制亦曰大夫士有田則祭無田則薦翟曰潔宋本作絜今案內府本作絜出疆必載質・何也・趙曰周霄問曰・士之仕也・猶農夫之耕也・農夫・豈・為・出・疆・舍・其・耒・耜・哉・孫曰為于偽切舍音捨曰・晉國亦仕國也・未嘗聞仕如此其急・仕如此其急也・

議論詼詭諸妙

通首全用反振之筆天矯挺峙無一平語

光明俊偉軒輊非常是

君子之難仕何也（朱曰仕國謂君子遊宦之國）曰丈夫生而願爲之有室女子生而願爲之有家父母之心人皆有之不待父母之命媒妁之言鑽穴隙相窺踰牆相從則父母國人皆賤之（說文曰媒謀也謀合二姓也妁酌也斟酌二姓人也）古之人未嘗不欲仕也又惡不由其道不由其道而往者與鑽穴隙之類也（孫曰惡烏路切王引之曰與鑽穴隙之類也與語助無意也）

彭更問曰後車數十乘從者數百人以傳食於諸侯不以泰乎（趙曰彭更孟子弟子孫曰更古衡切從才用切傳丁直戀切言轉食也焦曰釋名釋宮室云傳傳也人所止息而去後人復來轉轉相傳無常主也傳食謂舍止諸侯之客館而受其飲食也荀子王霸篇注云泰與汰同今案荀子仲尼篇注曰汰後也以已同論衡刺孟篇引以作亦）孟子曰非其道則一簞食不可受於人如其道則舜受堯之天下不以

孟子浩然之氣真實本領

此難本誤但非孟子特識未易窺破

蜿蟺天矯後世論難文字如三蘇等多脫胎於

爲泰子以爲泰乎孫曰食音嗣此章可食而食食志食功子食皆同餘如字論衡引食下有而字曰否士無事而食不可也趙曰彭更曰不以舜爲泰也謂士無功事而虛食人者不可也論衡引不可也作可乎曰子不通功易事以羨補不足則農有餘粟女有餘布子如通之則梓匠輪輿皆得食於子於此有人焉入則孝出則悌守先王之道以待後之學者而不得食於子子何尊梓匠輪輿而輕爲仁義者哉趙曰羨餘也梓匠木工也輪人輿人作車者朱曰有餘言無所貿易而積於無用也論衡引後之學者作後世之學者曰梓匠輪輿其志將以求食也君子之爲道也其志亦將以求食與曰子何以其志爲哉其有功於子可食而食之矣且子食志乎食功乎曰食志曰有人於此毀瓦畫墁其志將以求食也則子食之乎曰否曰然則

此

全篇用引證見意別是一體而氣味極爲渟樸

子非食志也食功也俞曰畫讀爲劃說文刉劃傷也墁轂古字通用說文轂衣車蓋也畫轂者劃傷其車上之轂也毀瓦以治屋言乃梓匠之事畫墁以治車言乃輪輿之事今案說文轂字疑後出字莊子馬蹄篇鷙曼與此畫墁皆轂字而以曼墁字爲之論衡引非食志下無也字

萬章問曰宋小國也今將行王政齊楚惡而伐之則如之何趙曰萬章孟子弟子也吳辟疆曰此萬章設辭爲問非實有其事也蓋亦以百里可王爲疑故云然觀他問皆曰如之何則可此與桃應章乃云則如之何可悟孟子曰湯居亳與葛爲鄰葛伯放而不祀湯使人問之曰何爲不祀曰無以供犧牲也湯使遺之牛羊葛伯食之又不以祀湯又使人問之曰何爲不祀曰無以供粢盛也湯使亳衆往爲之耕老弱饋食葛伯率其民要其有酒食黍稻者奪之不授者殺之有童子以黍肉餉殺而奪之書曰葛伯仇餉

爲其殺是童子四句見湯之信於天下救民水火二句見武之不擾民皆文中振拔處

此之謂也趙曰葛夏諸侯嬴姓之國放縱無道不祀先祖書尚書逸篇也孫曰亳音薄遺惟季切今案要闕之借字廣雅釋詁曰闕遮也史記殷本紀注引與葛伯爲鄰翟曰宋注疏本纂箋本帥作率四書辨疑引云中原古注本要其有酒食黍稻者食作肉今案太平御覽皇王部引同水經汳水注藝文類聚帝王部引此文尤多同異蓋以意引述不必定依舊本也閻曰亳有三一南亳後漢梁國穀熟縣是湯所都也一北亳梁國蒙縣是即景亳湯所盟地一西亳河南尸偃師縣是盤庚之遷都也鄭康成謂湯亳在偃師皇甫謐曰湯居亳與葛爲鄰葛即今梁國寧陵之葛鄉若湯居偃師去寧陵八百餘里豈當使民爲之耕乎亳今穀熟縣是也今案南亳城在今河南商邱縣西南葛城在寧陵縣北相去八十里爲其殺是童子而征之四海之內皆曰非富天下也爲匹夫匹婦復讎也湯始征自葛載十一征而無敵於天下東面而征西夷怨南面而征北狄怨曰奚爲後我民之望之若大旱之望雨也歸市者弗止芸者不變誅其君弔其民如時雨降

民大悅書曰徯我后后來其無罰爾雅釋詁曰載始也北狄內府本作北夷
奚爲後我呂覽懷寵篇注引作奚爲後予有攸不惟臣東征綏厥士女匪厥
玄黃紹我周王見休惟臣附于大邑周趙曰從有攸以下道周武王伐
紂時也皆尚書逸篇之文集註本不惟誤作不爲趙注各本皆作不惟今據改爾雅釋詁曰惟思也綏安也焦
曰不惟惟也猶不顯顯也不承承也今案謂有思臣服之節者即下文之士女也說文曰匪似竹篋引周書曰
實玄黃于匪爾雅釋詁曰釗見也注引逸書釗我周王釗紹皆昭之借字僞武成作昭又釋詁曰休美也其
君子實玄黃于匪以迎其君子其小人簞食壺漿以迎
其小人救民於水火之中取其殘而已矣朱曰孟子又釋其意言商
人聞周師之來各以其類相迎者以武王能救民於水火之中取其殘民者誅之耳君子謂在位之人小人謂
細民也孫曰救字或作捄太誓曰我武惟揚侵于之疆則取于殘殺
伐用張于湯有光趙曰太誓古尚書百二十篇時之太誓也侵于之疆侵紂之疆界則取于

前半設喻頗饒理趣收句感喟無窮

殘賊者以張殺伐之功也朱曰言武王威武奮揚引此以證上文取其殘伐之意俞曰之與其同呂覽音初篇高誘訓之為其可證侵于之疆猶言侵于其疆也吳辟疆曰于湯有光者蓋言武之除暴安民紹湯之迹于湯亦有光寵也阮曰太闇監毛三本同廖本孔本韓本作大今案內府本作大左傳襄三十一年疏引孟子作則取于殘　凶

不行王政云爾苟行王政四海之內皆舉首而望之欲以為君齊楚雖大何畏焉

孟子謂戴不勝曰子欲子之王之善與我明告子有楚大夫於此欲其子之齊語也則使齊人傅諸使楚人傅諸曰使齊人傅之曰一齊人傅之衆楚人咻之雖日撻而求其齊也不可得矣引而置之莊嶽之閒數年雖日撻而求其楚亦不可得矣趙曰不勝宋臣咻之者讙也莊嶽齊街里名也孫曰咻音休荀子解蔽篇曰唐鞅蔽於欲權而逐載子楊倞曰載讀為戴戴不勝使薛居州傳王者顧炎武曰莊是街名

起束轉換氣脈貫注而句法承接一筆不平遂覺古樸醞茂間用一二語議論以為斷制皆極撐挺不軟弱尤為難及子瞻論魯隱公其文極奇詳味之殆從此出

嶽是里名左傳襄二十八年得慶氏之木百車於莊云六軌之道反陳于嶽注云嶽里名呂覽用衆篇注引曰有楚大夫欲其子之齊言也使一齊人傳之衆楚人咻之

子謂薛居州善士也使之居於王所在於王所者長幼卑尊皆薛居州也王誰與為不善在王所者長幼卑尊皆非薛居州也王誰與為善一薛居州獨如宋王何朱曰居州亦宋臣王引之曰獨猶將也獨如宋王何言將如宋王何也

公孫丑問曰不見諸侯何義孟子曰古者不為臣不見段干木踰垣而辟之泄柳閉門而不內是皆已甚迫斯可以見矣朱曰已甚過甚也迫謂求見之切也孫曰辟音避內音納史記老子傳曰宗為魏將封於段干裴駰集解曰段干應是魏邑名也而魏世家有段干木段干子田完世家有段干朋疑此三人是姓段干也蓋因邑為姓風俗通氏姓注云姓段名干木恐或失之矣阮曰不納閩監毛三本同廖本孔本韓本作內是

今案內府本亦作內陽貨欲見孔子而惡無禮大夫有賜於士不得受於其家則往拜其門陽貨矙孔子之亡也而饋孔子蒸豚孔子亦矙其亡也而往拜之當是時陽貨先豈得不見趙曰陽貨魯大夫也孔子士也矙視也朱曰欲惡見之見音現欲見孔子欲召孔子來見己也無禮畏人以己爲無禮也受於其家對使人拜受於家也其門大夫之門也先謂先來加禮也孫曰矙或作瞰同音戡毛奇齡曰季氏家臣原稱大夫季氏是司徒下有大夫二人一曰小宰一曰小司徒此大國命卿之臣之明稱也故邑宰家臣當時通稱大夫俞曰孔子是時殆猶爲委吏乘田是孔子爲季氏所屬之士而陽貨乃季氏所屬之大夫也曾子曰脅肩諂笑病于夏畦子路曰未同而言觀其色赧赧然非由之所知也由是觀之則君子之所養可知已矣趙曰脅肩竦體也諂笑強笑也未同志未合也朱曰病勞也夏畦夏月治畦也孫曰脅虛業切赧女簡切說文曰赧面慙赤也

談喻奇詭可喜讀之使人解頤曾文正公謂詼詭之趣最爲文家上乘不可多得者此類是也

此文孟子自道其生平如韓公答孟尚書太史公報任安之類天下之生久矣非俯仰千古那得有此盱衡感慨一治一亂止言治亂循環非彼即此豪傑生其閒不得不以民物自任耳非預照後文皆一治一亂之事也聖王不作一段

戴盈之曰什一去關市之征今茲未能請輕之以待來年然後已何如趙曰戴盈之宋大夫孫曰去起呂切今案今茲今年也趙佑以盈之爲不勝字內府本何如作如何孟子曰今有人日攘其鄰之雞者或告之曰是非君子之道曰請損之月攘一雞以待來年然後已趙曰攘取也取自來之物也孫曰攘如羊切說文曰損減也如知其非義斯速已矣何待來年

公都子曰外人皆稱夫子好辯敢問何也孫曰好呼報切下同孟子曰予豈好辯哉予不得已也天下之生久矣一治一亂趙曰天下之生生民以來也當堯之時水逆行氾濫於中國蛇龍居之民無所定下者爲巢上者爲營窟書曰洚水警余洚水者洪水也趙曰尚書逸篇也水逆行洚洞無涯故曰洚水洪大也朱曰此一亂也孫曰洚

道楊墨之害最沈痛昔者禹抑以下將上文總束一遍以明己之志事文氣淋漓驅邁洵爲千古之至文足以載其道而行遠

張音絳焦曰說文營帀居也凡市闤軍壘周帀相連皆曰營此營窟當是相連爲窟穴使禹治之禹掘地而注之海驅蛇龍而放之菹水由地中行江淮河漢是也險阻既遠鳥獸之害人者消然後人得平土而居之趙曰菹澤生草者也民人下高就平土故遠險阻也水去故鳥獸害人者消盡也朱曰此一治也孫曰菹側魚切文選蜀都賦李善注引綦毋邃孟子注菹作蒩韻會引作葅堯舜既沒聖人之道衰暴君代作壞宮室以爲汙池民無所安息棄田以爲園囿使民不得衣食邪說暴行又作園囿汙池沛澤多而禽獸至及紂之身天下又大亂趙曰暴亂也君更興殘壞民室屋以其處爲汙池棄五穀之田以爲園囿朱曰暴君謂夏太康孔甲履癸商武乙之類也自堯舜沒至此治亂非一及紂而又一大亂也孫曰壞音怪行張下孟切沛丁蒲內切後漢書崔駰傳注引劉熙注曰沛水草相半釋名釋地曰下而有水曰澤周公相武王誅紂伐奄三年討其君驅

飛廉於海隅而戮之・滅國者五十・驅虎豹犀象而遠之・天下大悅・書曰丕顯哉文王謨・丕承哉武王烈・佑啓我後人・咸以正無缺・趙曰奄東方無道國武王伐紂至於孟津還歸二年復伐前後三年也飛廉紂諛臣驅之海隅而戮之猶舜放四罪也滅與紂共爲亂政者五十國也奄大國故特伐之書尚書逸篇也佑開後人謂成康皆行正道無虧缺也朱曰此一治也孫曰相息亮切說文奄作𨛗曰周公所誅𨛗國在魯段玉裁曰今山東曲阜縣城東二里有奄城云古奄國今案史記秦本紀曰中潏生蜚廉蜚廉生惡來父子俱以材力事殷紂周武王之伐紂並殺惡來是時蜚廉爲紂石北方還爲壇霍泰山而報得石棺死蜚廉即飛廉也逸周書世俘篇曰武王狩禽虎二十有二犀十有二呂覽古樂篇曰商人服象爲虐于東夷而周公遂以師逐之至于江南即驅虎豹犀象之事也王引之曰丕發聲之詞禮記祭法注曰顯明也詩七月傳曰承繼也爾雅釋詁曰謨謀也烈光也焦曰邪說既消正道復著周公輔相撥亂反之正故咸以正也世衰道微・邪說暴行有作・臣弒其君者有之・子弒其父者有之・朱曰

有作之有讀爲又古字通用此周室東遷之後又一亂也孔子懼作春秋春秋天子之事也是故孔子曰知我者其惟春秋乎罪我者其惟春秋乎朱曰孔子作春秋以討亂賊則致治之法垂於萬世是亦一治也聖王不作諸侯放恣處士橫議楊朱墨翟之言盈天下天下之言不歸楊則歸墨楊氏爲我是無君也墨氏兼愛是無父也無父無君是禽獸也公明儀曰庖有肥肉廄有肥馬民有飢色野有餓莩此率獸而食人也楊墨之道不息孔子之道不著是邪說誣民充塞仁義也仁義充塞則率獸食人人將相食朱曰此又一亂也楊朱但知愛身而不復知有致身之義故無君墨子愛無差等而視其至親無異衆人故無父孫曰橫去聲爲于僞切莩皮表切或作芟或作殍皆同今案內府本楊作揚下同山井鼎孟子考文補遺曰率獸古本率下有禽字又案列子楊朱篇張湛注曰或云字子居戰國時

加入詩云一段使局勢開拓

人後於墨子漢書藝文志墨子七十二篇原注曰名翟為宋大夫在孔子後大戴禮曾子問注曰誣妄也無父不仁無君不義無父無君之說卽邪說無父無君之民卽誣民吳辟疊曰邪說誣民對舉之詞是也邪說誣民充滿天下而塞仁義故曰充塞仁義也吾為此懼閑先聖之道距楊墨放淫辭邪說者不得作作於其心害於其事作於其事害於其政聖人復起不易吾言矣朱曰孟子雖不得志於時然楊墨之害自是滅息而君臣父子之道賴以不墜是亦一治也爾雅釋詁曰閑習也風俗通引作閑先王之道距拒字通淮南本經訓注距讀為拒守之拒是也穀梁宣元年曰放屏也昔者禹抑洪水而天下平周公兼夷狄驅猛獸而百姓寧孔子成春秋而亂臣賊子懼廣雅釋詁曰抑治也俞曰兼之言絕也考工記輪人曰外不廉而內不挫鄭注曰廉絕也說文作燫曰火煣車网絕也又濂一曰中絕小水是從兼之字並有絕義兼夷狄蓋謂屏絕之也詩云戎狄是膺荊舒是懲則莫我敢承無父無君是周公所膺也

收束自明本末貫徹英偉光燄萬丈

詩閟宮鄭箋曰承禦也我亦欲正人心息邪說距詖行放淫辭以承三聖者豈好辯哉予不得已也朱曰承繼也三聖禹周公孔子也能言距楊墨者聖人之徒也

匡章曰陳仲子豈不誠廉士哉居於陵三日不食耳無聞目無見也井上有李螬食實者過半矣匍匐往將食之三咽然後耳有聞目有見趙曰匡章齊人也朱曰於音烏於陵地名孫曰咽音螬今案字亦作螬於陵在今山東長山縣西南焦曰文選劉伶酒德頌注引劉熙孟子注云螬者齊俗名之如酒槽也周廣業孟子古注攷云槽疑螬字之譌說文作蠤蠐蠤也趙注補正引管同曰將取也書微子將食無災釋名釋形體曰螬螬物也論衡刺孟篇匡章下有子字哉作乎於陵上有於字過半下無矣字目有見下有也字後漢書馮衍傳注引作客居於陵文選張景陽雜詩注引目無見下無也字實在李字下將下有而字目有見下有也字孟子曰於齊國之士吾必以仲子爲巨擘焉雖

蚓而後可奇語突接令人不解所謂至後半始敘明之章法前虛後實亦用逆筆之妙也奇思俊語非此不足以難之此節再用虛筆蕩漾尤爲奇特事實留於下文發揮而其意已倒攝於此

以妻字引起母兄

然仲子惡能廉充仲子之操則蚓而後可者也趙曰巨擘大指也蚓丘蚓之蟲也充滿其操行似蚓而可行者也孫曰擘博厄切惡音烏夫蚓上食槁壤下飲黃泉仲子所居之室伯夷之所築與抑亦盜跖之所築與所食之粟伯夷之所樹與抑亦盜跖之所樹與是未可知也朱曰抑發語辭也言蚓無求於人而自足而仲子未免居室食粟若所從來或有非義則是未能如蚓之廉也今案荀子勸學篇曰螾上食埃土下飲黃泉螾蚓字同大戴禮勸學篇作上食晞土卽槁壤也左傳隱元年注曰地中之泉故曰黃泉曰是何傷哉彼身織屨妻辟纑以易之也趙曰匡章曰惡人作之何傷哉彼仲子身自織屨妻緝纑以易食宅耳緝績其麻曰辟練其麻曰纑孫曰辟音劈纑音盧文選雜詩注引彼身作仲子無也字曰仲子齊之世家也兄戴蓋祿萬鍾以兄之祿爲不義之祿而不食也以兄之室爲不義之室而不居也辟兄離母處於於陵趙曰孟子

詞嚴義正使異端之士無以自容

言仲子齊卿大夫之家兄名戴朱日辟音避今案內府本作避吳辟疊日蓋語辭水經注引孟子仲兄戴祿萬鍾省去蓋字可證他日歸則有饋其兄生鵝者己頻顣曰惡用是鶃鶃者爲哉他日其母殺是鵝也與之食之其兄自外至曰是鶃鶃之肉也出而哇之趙日異日歸省其母見兄受人之鵝而非之己仲子也鶃鶃鵝鳴聲孫日鵝張云與鶃同己丁音紀頻亦作嚬同顣子六切鶃鶃丁五歷切哇丁張並於佳切論衡生鵝者下有也字嚬顣作頻蹙哇作吐文選弔魏武帝文注引孟子曰嚬蹙而言嚬蹙謂人嚬眉蹙顣憂貌也此所引蓋注文傳寫奪誤耳以母則不食以妻則食之以兄之室則弗居以於陵則居之是尚爲能充其類也乎若仲子者蚓而後充其操者也

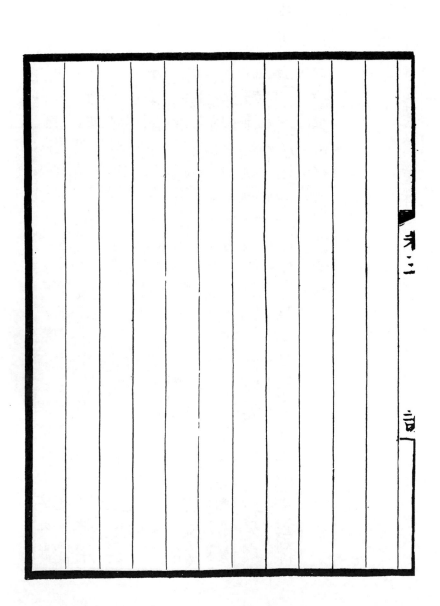

先大夫曰此篇多論仁政及盡倫希聖之事而以富貴可羞終之

以上虛冒言治天下必以仁政

孟子文法讀本卷第四

霸縣高步瀛集解
桐城吳闓生評點

離婁

孟子曰離婁之明公輸子之巧不以規矩不能成方員趙曰離婁古之明目者黃帝時人也黃帝亡其玄珠使離朱索之離朱即離婁也公輸子魯班魯之巧人也今案離朱求珠見莊子天地篇公輸班檀弓宋策均作般墨子公輸篇作盤魯問篇亦載公輸子事師曠之聰不以六律不能正五音趙曰師曠晉平公之樂太師也其聽至聰六律陽律太蔟姑洗蕤賓夷則無射黃鍾五音宮商角徵羽也漢書律厤志曰律十有二陽六為律陰六為呂尚書予欲聞六律五聲八音孔疏引鄭玄曰言六律者舉陽陰從可知也堯舜之道不以仁政不能平治天下春秋繁露楚莊王篇曰離有巧手弗修規矩不能正方員雖有察耳不吹六律不能定五音雖有知心不覽先王不能平天下語意本此今有仁心仁聞而民不被其澤不可法於後世者不行先王之道也趙曰仁聞仁聲遠聞也孫曰聞

以上言仁政必因先王之道

是以三句乃文中脫卸之法有此脫卸以清脈絡下文撐起處乃不嫌鶻突也

上無道揆七句忽提筆凌空唱歎痛斥當時亡

音問故曰徒善不足以爲政徒法不能以自行呂覽異用篇高注曰徒猶但也詩云不愆不忘率由舊章遵先王之法而過者未之有也趙曰詩大雅假樂之篇愆過也鄭箋曰率循也聖人既竭目力焉繼之以規矩準繩以爲方員平直不可勝用也既竭耳力焉繼之以六律正五音不可勝用也既竭心思焉繼之以不忍人之政而仁覆天下矣禮記大傳鄭注曰竭盡也說文曰覆蓋也故曰爲高必因丘陵爲下必因川澤爲政不因先王之道可謂智乎趙曰言因自然則用力少而成功多矣朱引鄭氏曰自章首至此論以仁心仁聞行先王之道今案鄭浩孟子解今佚是以惟仁者宜在高位不仁而在高位是播其惡於衆也周禮春官太師鄭注曰播猶揚也上無道揆也下無法守也朝不信道工不信度君子犯義小人犯刑國之所

國亂政之不可終日筆力沈鷙詞旨痛切讀之無限感慨悲涼意殆指齊國言之非泛論也句句有噤齘之聲

以上斥當世之無道

以上責爲臣者不能匡正其君

存者幸也爾雅釋詁曰揆度也朱曰道揆謂以義理度量事物而制其宜法守謂以法度自守工官也度即法也君子小人以位而言也故曰城郭不完兵甲不多非國之災也田野不辟貨財不聚非國之害也上無禮下無學賊民興喪無日矣朱引鄒氏曰自是以惟仁者至此所以責其君孫兵甲作甲兵曰或作鉀音同

辟音闢詩曰天之方蹶無然泄泄泄泄猶沓沓也趙曰詩大雅板之篇朱曰沓沓即泄泄之意蓋孟子時人語如此孫曰蹶俱衛切泄弋制切沓徒合切淮南精神篇注曰蹶顛覆也說文引詩泄泄作呭呭又作詍皆云多言也又曰沓語多沓沓也泄呭詍字通沓字亦作諮荀子正名篇愚者之言諮諮然而沸注曰諮諮多言也事君無義進退無禮言則非先王之道者猶沓沓也朱曰非詆毀也故曰責難於君謂之恭陳善閉邪謂之敬吾君不能謂之賊趙曰人臣之道當進君於善責難爲之事使君勉之是爲恭臣陳善法以禁閉君之邪心是爲敬君言吾君不肖不能行善因不諫正此爲賊其君也朱引鄒氏曰

此章繩義至嚴仁與不仁而已言天下止此一塗不爲堯舜便陷不仁絕無中立之所不仁者小則削大則亡無倖免者暴其民以下筆意谿刻湛至足以褫暴魄而寒姦膽末更引詩語以警之

暴其民句憑空挺起以下乃倍著精神凡文字精神勃發處多在淩空撐挺之筆也

自詩云天之方蹶至此所以責其臣

孟子曰規矩方員之至也聖人人倫之至也趙曰至極也欲爲君盡君道欲爲臣盡臣道二者皆法堯舜而已矣不以舜之所以事堯事君不敬其君者也不以堯之所以治民治民賊其民者也孔子曰道二仁與不仁而已矣朱曰法堯舜則仁不法堯舜則不仁二端之外更無他道暴其民甚則身弒國亡不甚則身危國削名之曰幽厲雖孝子慈孫百世不能改也周書諡法篇曰壅遏不通曰幽動靜亂常曰幽殺戮無辜曰厲詩云殷鑒不遠在夏后之世此之謂也趙曰詩大雅蕩之篇也朱曰詩言商紂之所當鑒者近在夏桀之世而孟子引之又欲後人以幽厲爲鑒也

孟子曰三代之得天下也以仁其失天下也以不仁國

詞義嚴厲與上章同皆凜凜有生氣句勢斬截無所假借收二語尤奇而警

國之所以廢興句乃銼鍔森然吾刃將斬之處以孟子此文固爲諸侯發也

此聖賢克己之學質直言之氣與詞稱至於其身正而天下歸之則其意量之宏遠可見矣

天下國家恆言習而不察一推衍之便成妙義辨之所以察邇言也

之所以廢興存亡者亦然。趙曰三代謂夏商周國謂公侯之國天子不仁。不保四海。諸侯不仁。不保社稷。卿大夫不仁。不保宗廟。士庶人不仁。不保四體。今惡死亡而樂不仁。是猶惡醉而強酒。孫曰惡烏故切樂音洛強其丈切容齋四筆引是猶惡醉句猶作由

孟子曰。愛人不親。反其仁。治人不治。反其智。禮人不答。反其敬。孫曰治人不治張云上直之切下直吏切穀梁傳僖二十二年曰故曰禮人而不答則反其敬愛人而不親則反其仁治人而不治則反其知馮景解舂集曰此必古語孟子穀梁皆引之行有不得者。皆反求諸己。其身正而天下歸之。詩云。永言配命。自求多福。

孟子曰。人有恆言。皆曰天下國家。天下之本在國。國之本在家。家之本在身。趙曰恆常也

故沛然德教句與上章天下歸之意概正同隨便抒發皆有整齊天下之量最見孟子根氐

此章大指謂強弱幷呑之世弱小之服事彊大乃分中事無庸媿恥茍恥之則轉弱爲強易如反手曰師文王而已矣前用今也小國師大國三句逆振後用如恥之六句逆提遂使通篇得勢收亦勁

孟子曰爲政不難不得罪於巨室巨室之所慕一國慕之一國之所慕天下慕之故沛然德教溢乎四海趙曰巨室大家也廣雅釋詁曰沛大也溢滿也

孟子曰天下有道小德役大德小賢役大賢天下無道小役大弱役強斯二者天也順天者存逆天者亡趙曰有道之世小德小賢樂爲大德大賢役服於賢德也無道之時小國弱國畏懼而役於大國強國也此二者天時所遭也當順從之不當逆也齊景公曰既不能令又不受命是絕物也涕出而女於吳孫曰女丁去聲以女妻人曰女焦曰說苑權謀篇云齊景公以其子妻闔廬送諸郊泣曰余死不汝見矣高夢子曰君愛則勿行公曰余有齊國之固不能以令諸侯又不能聽是生亂也寡人聞之不能令則莫若從遂遣之吳越春秋闔閭內傳云闔閭謀伐齊齊侯使女爲質於吳因爲太子波臣聘齊女注云齊景公女孟子所謂涕出而女於吳即此也今也小國師大國而恥受

詩言雖侯服於周而天命正自靡常不見殷士之祼將於京乎詞意凜然至爲警切

命焉是猶弟子而恥受命於先師也如恥之莫若師文王師文王大國五年小國七年必爲政於天下矣詩云商之孫子其麗不億上帝既命侯于周服侯服于周天命靡常殷士膚敏祼將于京孔子曰仁不可爲衆也夫國君好仁天下無敵趙曰詩大雅文王之篇麗數也詩假樂鄭箋曰十萬曰億王引之曰詩不語詞不億億也猶云子孫千億耳詩六月毛傳曰侯維也文王傳曰殷士殷侯也膚美敏疾也祼灌鬯也將行也孔疏曰京謂京師朱曰不可爲衆猶所謂難爲兄難爲弟云爾俞曰仁不可爲衆也夫夫字斷句蓋孔子讀詩而歎之也下乃釋其義今也欲無敵於天下而不以仁是猶執熱而不以濯也詩云誰能執熱逝不以濯趙曰詩大雅桑柔之篇朱曰逝語辭也言誰能執持熱物而不以水自濯其手乎孫曰濯丁作淪音藥墨子尚賢篇引詩執能執熱鮮不用濯

主意在夫人必自侮數句先逆提一段議論倒置篇首使人不知何從而來但覺浩氣橫空無可踪迹更著孺子之歌一接尤爲妙遠非常再著孔子數語神味悠然低徊不盡此謂筆妙

以前後諸章證之則國必自伐一句爲主上二句乃陪襯之筆也一篇極大文字乃正意止一句而已何等奇妙

欲說所欲與聚八字倒從桀紂著筆層層翻駁

孟子曰不仁者可與言哉安其危而利其菑樂其所以亡者不仁而可與言則何亡國敗家之有朱曰安其危利其菑者不知其爲危菑而反以爲安利也所以亡者謂荒淫暴虐所以致亡之道也孫曰菑音災有孺子歌曰滄浪之水清兮可以濯我纓滄浪之水濁兮可以濯我足趙曰孺子童子也孫曰浪音郎水經夏水注鄭玄注尚書滄浪之水言今謂之夏水劉澄之著永初山水記云夏水古文以滄浪漁父所歌也今案楚辭漁父所歌與此同惟兩我字作吾說文曰纓冠系也孔子曰小子聽之清斯濯纓濁斯濯足矣自取之也夫人必自侮然後人侮之家必自毀而後人毀之國必自伐而後人伐之俞曰說文伐敗也國必自伐言國必自敗也大甲曰天作孽猶可違自作孽不可活此之謂也

孟子曰桀紂之失天下也失其民也失其民者失其心

凡七八掉轉始落到主意民之歸仁也三句忽又提空筆勢一振千里爲淵敺魚一段倒從空際作接處處不可捉摸縱横變化如生龍活虎後半亦說得凜凜可畏

也得天下有道得其民斯得天下矣得其民有道得其心斯得民矣得其心有道所欲與之聚之所惡勿施爾也焦曰易萃彖傳聚以正也釋文云荀本作取是聚與取通王引之曰與猶爲也爲字讀去聲言所欲爲之聚之取之也爾語詞也民之歸仁也猶水之就下獸之走壙也朱曰壙廣野也孫曰走音奏壙音曠故爲淵敺魚者獺也爲叢敺爵者鸇也爲湯武敺民者桀與紂也孫曰爲于僞切敺音驅鸇諸延切淮南俶真篇注曰聚木曰叢晉書段灼傳上表曰故曰爲川驅魚者獺也爲藪驅雀者鸇也爲湯武敺人者桀紂也今天下之君有好仁者則諸侯皆爲之敺矣雖欲無王不可得已今之欲王者猶七年之病求三年之艾也苟爲不畜終身不得苟不志於仁終身憂辱以陷於死亡趙曰艾可以爲灸矣辟量曰病者以十年爲期既已七年而求三年之艾則更無餘暇矣故不畜則終身不得也爲猶若也詩

起用逆勢　未言自暴自棄之由直從自暴句起然後再申釋之便是逆

仁人之安宅句直起挺接

曠安宅句再用逆接堂堂正大之詞足以悚動觀聽

孟子此義言之屢矣此章筆勢尤簡勁遒邁

云其何能淑載胥及溺此之謂也（趙曰詩大雅桑柔之篇淑善也載辭也胥相也刺時君臣何能爲善乎但相與爲沈溺之道也朱駿聲曰載發聲之辭）

孟子曰自暴者不可與有言也自棄者不可與有爲也言非禮義謂之自暴也吾身不能居仁由義謂之自棄也（朱曰暴猶害也非猶毀也）仁人之安宅也義人之正路也曠安宅而弗居舍正路而不由哀哉（趙曰曠空也孫曰舍音捨）

孟子曰道在邇而求諸遠事在易而求之難人人親其親長其長而天下平（孫曰長丁丈切阮曰考文本古本邇作爾）

孟子曰居下位而不獲於上民不可得而治也獲於上有道不信於友弗獲於上矣信於友有道事親弗悅弗信於友矣悅親有道反身不誠不悅於親矣誠身有道

至誠二句拍合章首振蕩作收矯健屈拏如蛟龍欲去而迴其首

本勸諸侯行文王之政卻從伯夷太公辟紂說起此之謂發端雄遠

不明乎善不誠其身矣朱曰誠實也禮記中庸鄭注曰獲得也是故誠者天之道也思誠者人之道也至誠而不動者未之有也不誠未有能動者也

孟子曰伯夷辟紂居北海之濱聞文王作興曰盍歸乎來吾聞西伯善養老者太公辟紂居東海之濱聞文王作興曰盍歸乎來吾聞西伯善養老者左傳桓十一年杜注曰盍何不也王引之曰來語助詞史記周本紀曰伯夷叔齊在孤竹聞西伯善養老盍往歸之齊太公世家曰或曰呂尚處隱海濱周西伯拘羑里散宜生閎夭素知而招呂望呂望亦曰吾聞西伯又善養老盍往焉尚書大傳曰伯夷辟紂居北海之濱太公辟紂居東海之濱皆率其屬曰盍歸乎吾聞西伯善養老閻曰前漢遼東郡令支縣有孤竹城括地志孤竹古城在盧龍縣南十二里今永平府治河入海從右碣石正古之北海後漢琅邪國海曲縣劉昭引博物記注云太公呂望所出今有東呂鄉海曲故城通典稱在莒縣東則當日太公居東海之濱

二老者六句提筆而下全在空際蟠舞非復筆墨蹊徑其子焉往一問意既奇特句亦精神百倍收簡淨既落到正面斯無可多說矣

爭地以戰六句鍊語奇警沈痛罪不容於死句本可直接爲之強戰下其上五

卿是其家二老者天下之大老也而歸之是天下之父歸之也天下之父歸之其子焉往孫曰焉於虔切荀子脩身篇注引作伯夷太公二者天下之大老是天下之父也其父歸之其子焉往諸侯有行文王之政者七年之內必爲政於天下矣

孟子曰求也爲季氏宰無能改於其德而賦粟倍他日孔子曰求非我徒也小子鳴鼓而攻之可也趙曰求孔子弟子冉求季氏魯卿季康子宰家臣小子弟子也論語先進篇集解孔曰賦稅也鄭曰鳴鼓聲其罪以責之也左傳哀十一年季氏欲以田賦使冉有訪諸仲尼仲尼不對而私於冉有曰季孫若欲行而法則周公之典在若欲苟而行又何訪焉弗聽十二年春正月用田賦卿其事由此觀之君不行仁政而富之皆棄於孔子者也況於爲之强戰爭地以戰殺人盈野爭城以戰殺人盈城此所謂率土地而食人肉罪不

句皆從極偪仄界中推廓而塡入之善戰以下數句可謂推倒一時之智勇辟草萊二句拍合冉求章法尤完密

容於死故善戰者服上刑連諸侯者次之辟草萊任土地者次之朱曰善戰如孫臏吳起之徒連結諸侯如蘇秦張儀之徒辟開墾也任土地謂分土授民使任耕稼之責如李悝盡地方商鞅開阡陌之類也孫曰辟音闢陳組綴燃犀解曰連諸侯而使之戰闢草萊任土地而助之戰均非身親爲戰者姑次之

孟子曰存乎人者莫良於眸子眸子不能掩其惡胸中正則眸子瞭焉胸中不正則眸子眊焉趙曰眸子目瞳子也存乎人存在人之善惡也瞭明也眊者蒙蒙目不明之貌孫曰眸音牟瞭音了眊音耄焦曰爾雅釋訓云存存在也禮記文王世子注云在察也趙以在釋存即以在爲察蓋察人之善惡也今案存乎人者意林藝文類聚引均無者字論衡本性篇曰孟子相人以眸子焉心清而眸子瞭心濁而眸子眊又盡心篇自范之齊章引眸子瞀焉瞀眊字通聽其言也觀其眸子人焉廋哉趙曰廋匿也孫曰焉於虔切廋音搜

孟子曰恭者不侮人儉者不奪人侮奪人之君惟恐不

銳魂奪魄之筆

極有趣味髡舌辯之士非此不足以折之

順焉。惡得爲恭儉。恭儉豈可以聲音笑貌爲哉。趙曰有好侮奪人之君恐人不順從其所欲孫曰惡音烏

淳于髡曰。男女授受不親。禮與。孟子曰。禮也。趙曰淳于髡齊人也孫曰與音餘禮記曲禮曰男女不親授坊記曰君子遠色以爲民紀故男女授受不親曰。嫂溺則援之以手乎。曰。嫂溺不援。是豺狼也。男女授受不親。禮也。嫂溺援之以手者。權也。禮記中庸鄭注曰援謂牽持之也淮南氾論篇注引作嫂溺而不拯公羊傳桓十一年曰權者何反於經然後有善者也權之所設舍死亡無所設徐疏曰權之設所以扶危救溺舍死亡無所設也若使君父臨溺河井寧不執其髮乎是其義也曰。今天下溺矣。夫子之不援。何也。曰。天下溺。援之以道。嫂溺。援之以手。子欲手援天下乎。文選述祖德詩運命論注後漢書崔駰傳注引援之以道上均有則字

公孫丑曰。君子之不教子。何也。趙曰問父子不親教何也孟子曰。勢

不行也教者必以正以正不行繼之以怒繼之以怒則反夷矣夫子教我以正夫子未出於正也則是父子相夷也父子相夷則惡矣朱曰夷傷也繼之以怒則反傷其子矣子之心又責其父則是子又傷其父也論語季氏篇皇侃疏引作繼之以怨古者易子而教之父子之間不責善責善則離離則不祥莫大焉趙曰易子而教不欲自責以善父子主恩離則不祥莫大焉

孟子曰事孰爲大事親爲大守孰爲大守身爲大不失其身而能事其親者吾聞之矣失其身而能事其親者吾未之聞也趙曰守身使不陷於不義也禮記哀公問篇孔子曰君子無不敬也敬身爲大身也者親之枝也敢不敬與不能敬其身是傷其親又曰能敬其身則能成其親矣孟子之意本此孰不爲事事親事之本也孰不爲守守身守之本也趙曰先本後末事守

意量極為宏大文亦英挺非常孟子生平引君當道正是此指

乃立也

曾子養曾晳必有酒肉將徹必請所與問有餘必曰有曾晳死曾元養曾子必有酒肉將徹不請所與問有餘曰亡矣將以復進也此所謂養口體者也若曾子則可謂養志也事親若曾子者可也趙曰請所與問曾晳所欲與子孫所愛者也孫曰養於亮切孔廣森曰曾子必曰有雖無亦曰有所謂孝子唯巧變故父母安之者曾元不能但道其質而已將以復進也亦曾元之辭言餘則無矣若嗜之將復作新者以進之爾

孟子曰人不足與適也政不足閒也惟大人為能格君心之非君仁莫不仁君義莫不義君正莫不正一正君而國定矣趙曰適過也閒非也格正也朱曰大人者大德之人正己而物正者也孫曰適丁音謫閒古莧切阮曰與閩監毛三本同岳本孔本韓本無與字

孟子曰有不虞之譽有求全之毀趙曰虞度也朱引呂氏曰言毀譽之言未

句語飄忽有奇氣正意留至末路始發章法亦好

義在後文故前路質責爲有味俗本劃爲兩章則情趣全失矣

必皆實修己者不可以是遽爲憂喜觀人者不可以是輕爲進退今案呂大臨孟子講義今佚

孟子曰人之易其言也無責耳矣韓縝古曰責當以責任之責解與論語先行其言章反看非深於任事者不知步瀛案縝古名德銘直隸高陽縣人

孟子曰人之患在好爲人師

樂正子從於子敖之齊趙曰子敖齊之右師王驩也樂正子見孟子孟子曰子亦來見我乎曰先生何爲出此言也曰子來幾日矣曰昔者曰昔者則我出此言也不亦宜乎曰舍館未定曰子聞之也舍館定然後求見長者乎曰克有罪趙曰昔者往也謂數日之間也館客舍孟子謂樂正子曰子之從於子敖來徒餔啜也我不意子學古之道而以餔啜也趙曰徒食飲而已謂之餔啜也孫曰餔張博孤切亦音哺啜昌悅切今案樂正子從子敖來乃欲因以行其道也然所依

說道理極平易言之切理饜心生則惡可已以下樂趣頓生文情亦有足蹈手舞之致

頓挫抑揚全在掉用虛字得法

非人其不得行道決矣故孟子以徒餔啜責之

孟子曰不孝有三無後爲大趙曰於禮有不孝者三事謂曲意阿從陷親不義一不孝也家貧親老不爲祿仕二不孝也不娶無子絕先祖祀三不孝也三者之中無後爲大舜不告而娶爲無後也君子以爲猶告也趙曰舜懼無後故不告而娶君子知舜告焉不得而娶娶而告父母禮也舜不以告權也故曰猶告與告同也

孟子曰仁之實事親是也義之實從兄是也朱曰仁主於愛而愛莫切於事親義主於敬而敬莫先於從兄故仁義之道其用至廣而其實不越於事親從兄之間蓋良心之發最爲切近而精實者有子以孝弟爲爲仁之本其意亦如此也智之實知斯二者弗去是也禮之實節文斯二者是也樂之實樂斯二者樂則生矣生則惡可已也惡可已則不知足之蹈之手之舞之朱曰樂斯樂則之樂音洛惡平聲斯二者指事親從兄而言知而弗去則見之明而守之固矣節文謂品

起句突然而來奇橫無匹再用逆接以如此雄駭之勢一句撇卻尤爲振古奇觀

天下化天下定而後謂之大孝見得功行圓滿致極之處舜之所以爲聖在此孟子亦實能言之

節文章樂則生矣謂和順從容無所勉強事親從兄之意油然自生如草木之有生意也既有生意則其暢茂條達自有不可遏者所謂惡可已也其又盛則至於手舞足蹈而不自知矣阮曰惡可已閩監毛三本孔本韓本同廖本考文古本下有也字又曰舞之也閩本同監毛二本孔本韓本無也字

孟子曰。天下大悅而將歸己。視天下悅而歸己。猶草芥也。惟舜爲然。不得乎親。不可以爲人。不順乎親。不可以爲子。萬章篇爲不順於父母趙曰順愛也今案不得乎親言不能得親心與不獲於上意同不順乎親卽所謂不順於父母舜盡事親之道。而瞽瞍厎豫。瞽瞍厎豫而天下化。瞽瞍厎豫。而天下之爲父子者定。此之謂大孝。趙曰厎致也豫樂也瞽瞍頑父也盡其孝道而頑父致樂使天下化之爲父子之道者定也朱曰子孝父慈各止其所而無不安其位之意所謂定也孫曰厎之爾切阮曰厎閩監毛三本同孔本韓本作底是經典內凡曰厎致也皆之爾切與底都禮切不同俗刻多訛爲底史記五帝本紀曰虞舜者父曰瞽叟今案叟瞍字通

發端詼奇俶詭不知從何處來得志二句道出二聖實際又以自見其生平真實本領也

孟子曰舜生於諸馮遷於負夏卒於鳴條東夷之人也

趙曰諸馮負夏鳴條皆地名負海也在東方夷服之地故曰東夷之人也趙佑曰今青州府諸城縣說者以爲卽春秋書城諸者其地有馮山竊疑近是史記五帝本紀曰舜就時於負夏集解引鄭玄曰負夏衛地尚書大傳亦曰就時負夏翟曰司馬遷伏生之意似讀孟子遷字如懋遷之遷焦曰書序湯與桀戰於鳴條之野夏師敗績湯遂伐三朡後漢書郡國志濟陰定陶縣有三朡亭卽三朡也則鳴條當亦不遠又呂覽簡選篇言湯登自鳴條乃入巢門淮南子主術訓湯困桀於鳴條擒之焦門脩務訓湯整鳴條困夏南巢南巢卽焦門在今江南巢縣均與鳴條相近

文王生於岐周卒於畢郢西夷之人也

趙曰岐周畢郢地名也岐山下周之舊邑近畎夷畎夷在西故曰西夷之人也漢書地理志右扶風美陽原注曰禹貢岐山在西北中水鄉周大王所邑志又曰大王徙郊顏注曰郊今岐山縣是史記司馬相如傳集解引徐廣曰皇甫謐曰王季徙程故周書曰惟王季宅程孟子稱文王生於畢程孔廣森曰郢與程通周書史記解曰昔有畢程氏畢程本商時國爲周所滅文王遂居之大匡解曰惟周王宅程三年是也郢當讀程以別於郢楚之

地之相去也二句極力騰挪

郢劉台拱經傳小記曰漢書地理志右扶風安陵闞駰以爲本周之程邑括地志云安陵故城在雍州咸陽縣東二十一里周之程邑也此邑中之地爲程也其西有畢陌一名畢原皇甫謐所謂安陵西畢陌此邑外之地爲畢也畢者程地之大名程者畢中之小號也周者太王所邑而岐之小別也故繫岐而言之曰岐周程者王季所邑而畢之小別也故繫畢而言之曰畢程呂覽具備篇云武王嘗窮於畢程矣畢程即畢郢又按畢地有二有咸陽縣之畢原所謂文王卒於畢郢也有萬年縣之畢原所謂文王葬於畢也陸賈新語術事篇云文王生於東夷大禹出於西羌對西羌言之則岐周之地爲東也鹽鐵論病國篇賢良曰禹出西羌文王生北夷

地之相去也千有餘里世之相後也千有餘歲得志行乎中國若合符節先聖後聖其揆一也趙曰節玉節也周禮有六節揆度也今案後漢書班固傳注引作若合符契韓詩外傳引得志上有然字先聖上有孔子曰三字孔疑孟字之譌

子產聽鄭國之政以其乘輿濟人於溱洧趙曰子產鄭卿溱洧水名

論政能得大體措詞英爽最是孟子氣象

君子平其政一意行辟人可也一意此兩層在他人當幾十百言此止以十字了之無一虛字語助味此可悟古文簡奧之法　趙注平治政事刑法云云吾疑政字下當脫一刑字

見人有冬涉者以其乘車度之也閻曰說文引詩溱與洧作潧曰潧水出鄭國洧水出潁川陽城山東南入潁史記正義引括地志以爲古新鄭城南洧與溱合

孟子曰惠而不知爲政歲十一月徒杠成十二月輿梁成民未病涉也趙曰周十一月夏九月可以成步度之功周十二月夏十月可以成輿梁也孫曰杠張音江方橋也可通徒行人過者周語單子曰夏令曰十月成梁爾雅釋宮曰石杠謂之徛郭注曰聚石水中以爲步渡彴也說文曰榷水上橫木所以渡者梁水橋也段玉裁注曰杠與榷雙聲漢書孝武紀注韋昭曰以木渡水曰榷凡獨木曰杠駢木曰橋今案輿梁謂橋之可行車者又爾雅注引作歲十月邢昺疏曰孟子十一月此作十月脫誤或所見本異禮記仲尼燕居疏引亦作歲十一月阮引閩監毛三本注文作十月下作十一月皆非內府本正作十一月十二月

君子平其政行辟人可也焉得人人而濟之趙曰君子爲國家平治政事刑法使無違失其道辟人使卑辟尊可爲也孫曰辟丁張並音闢亦如字焉於虔切周禮天官閽人凡外內命夫命婦出入則爲之闢釋文曰闢本又作辟婢亦反避也秋官野廬氏凡有節者及有爵者則爲之辟鄭注曰辟辟行

句句懇切用筆能縱送到極處亦見孟子筆力

人故爲政者每人而悅之日亦不足矣

孟子告齊宣王曰君之視臣如手足則臣視君如腹心君之視臣如犬馬則臣視君如國人君之視臣如土芥則臣視君如寇讎趙曰芥草芥也王曰禮爲舊君有服何如斯可爲服矣孫曰爲于僞切儀禮喪服傳曰大夫爲舊君何以服齊衰三月也大夫去君歸其宗廟故服齊衰三月也言與民同也何大夫之謂乎言其以道去君而猶未絕也曰諫行言聽膏澤下於民有故而去則君使人導之出疆又先於其所往去三年不反然後收其田里此之謂三有禮焉如此則爲之服矣趙曰又先至其所到之國言其賢良三年不反乃收其田采及里居也阮曰則使人導之出疆閩監毛三本孔本韓本則下有君字檀弓疏引作送至彼國明無罪通典禮典於其所往引作安其所往今也爲臣諫則不行言則不聽膏澤不下於民有故而

之強

去則君搏執之。又極之於其所往。去之日遂收其田里。此之謂寇讎。寇讎何服之有。趙曰極者惡而困之也俞曰則君搏執之謂君使封疆之吏搏執之也搏執之則不得去矣或其臣有如伍員之載橐而出者於是其君又極之於其所往若禁錮欒氏之比矣

孟子曰。無罪而殺士。則大夫可以去。無罪而戮民。則士可以徙。趙岐章指曰言君子見幾而作故趙殺鳴犢孔子臨河而不濟也

孟子曰。君仁莫不仁。君義莫不義。朱註引張氏曰此章重出然上篇主言人臣當以正君爲急此章直戒人君義亦小異耳四書通朱引諸儒載張栻然南軒孟子說與此不同其孟子詳說未見又朱引南軒皆稱敬夫此云張氏疑是張九成孟子解今佚

孟子曰。非禮之禮。非義之義。大人弗爲。朱曰察理不精故有二者之蔽大人則隨事而順理因時而處宜豈爲是哉

孟子曰中也養不中才也養不才故人樂有賢父兄也如中也棄不中才也棄不才則賢不肖之相去其閒不能以寸朱曰無過不及之謂中足以有爲之謂才養謂涵育熏陶俟其自化也賢謂中而才者也樂有賢父兄者樂其終能成己也爲父兄者若以子弟之不賢遂遽絶之而不能教則吾亦過中而不才矣其相去之閒能幾何哉孫曰樂音洛

孟子曰人有不爲也而後可以有爲趙章指曰不爲非義義乃可申

孟子曰言人之不善當如後患何好盡言以招人過國武子之所以見殺也

孟子曰仲尼不爲已甚者過甚之事聖人弗爲

孟子曰大人者言不必信行不必果惟義所在以義爲主不爲硜硜之小諒也

孟子曰大人者不失其赤子之心者也朱曰赤子之心純一無僞

孟子曰養生者不足以當大事惟送死可以當大事朱曰事生愛敬人道之常至於送死則人道之大變故尤以爲大事孫曰養張餘亮切

孟子曰君子深造之以道欲其自得之也自得之則居之安居之安則資之深資之深則取之左右逢其原故君子欲其自得之也趙曰造致也資取也孫曰造七報切

孟子曰博學而詳說之將以反說約也淮南主術篇注曰約要也大戴禮曾子立事篇曰君子博學而孱守之微言而篤行之

孟子曰以善服人者未有能服人者也以善養人然後能服天下天下不心服而王者未之有也朱曰服人者欲以取勝於人養人者欲以同歸於善管子戒篇曰以善勝人者未有能服人者也以善養人者未有不服人者也

孟子曰言無實不祥不祥之實蔽賢者當之朱曰言而無實者不

荀爲無本五句筆情犀利收二句倒點主旨

祥故蔽賢爲不祥之實晏子春秋諫下曰國有三不祥有賢而不知一不祥知而不用二不祥用而不任三不祥也說苑君道篇同

徐子曰仲尼亟稱於水曰水哉水哉何取於水也趙曰徐子徐辟也孫曰亟去吏切禮記少儀注曰亟數也孟子曰原泉混混不舍晝夜盈科而後進放乎四海有本者如是是之取爾趙曰盈滿科坎放至也說文曰混豐流也段玉裁曰混古音如袞俗字作滾淮南子原道篇曰混混滑滑禮記月令注曰舍止也不舍晝夜言晝夜不止也水有本原不已而漸進以至於海猶人學有本原故孔子取之阮曰源閩監毛三本同宋九經本岳本咸淳衢州本廖本孔本韓本作原按原正字源俗字苟爲無本七八月之閒雨集溝澮皆盈其涸也可立而待也故聲聞過情君子恥之趙曰周七八月夏五六月孫曰涸下各切聞音問廣雅釋詁曰集聚也考工記匠人曰九夫爲井井間廣四尺深四尺謂之溝方百里爲同同間廣二尋深二仞謂之澮爾雅釋詁曰涸竭也荀子宥坐篇注

此言人當自存其心唯舜能行乎自然自禹以下皆孜孜不怠而周公尤兢兢焉所謂堯舜性之湯武反之亦此義也

此孟子曰三字當衍蓋此等處多爲後人所增不足據也他篇亦多故此

曰聞謂有名爲人所聞知者也禮記大學篇鄭注曰情猶實也

孟子曰人之所以異於禽獸者幾希庶民去之君子存之飲食男女人與禽獸所同然人性善而能知仁義此其異者也存之則異於禽獸去之則同於禽獸其幾甚微故曰幾希也

舜明於庶物察於人倫由仁義行非行仁義也趙曰察識也舜明庶物之情識人事之序仁義生於內由其中而行非彊力行仁義也今案吳先生以此下數章連爲一篇至予私淑諸人也一句止

孟子曰禹惡旨酒而好善言趙曰旨美酒也儀狄作酒禹飲而甘之遂疏儀狄而絕旨酒書曰禹拜讜言今案趙說儀狄事見魏策

湯執中立賢無方禮記檀弓注曰方常也蓋執中無權猶執一之害道惟賢則立而無常法則執中有權矣

文王視民如傷望道而未之見朱曰而讀爲如古字通用民已安矣而視之猶若有傷道已至矣而望之猶若未見聖人之愛民深而求道之切如此

武王不泄邇不忘遠趙曰泄狎也邇近也不泄狎近賢不遺忘遠善近謂朝臣遠謂諸侯也孫曰丁案媟訓狎今注以泄訓狎借聲訓

其有不合者五句寫聖人樂善之勤極得

章旨蓋歎美春秋文乃不贊一詞神韻高遠

孟子之所謂春秋孔子之春秋也然魯國自有

耳焦曰荀子榮辱篇注云泄與渫同故以狎釋之周公思兼三王以施四事其有不合者仰而思之夜以繼日幸而得之坐以待旦趙曰三王三代之王也四事禹湯文武所行事也坐而待旦言欲急施之也孟子曰王者之迹熄而詩亡詩亡然後春秋作孫曰熄與息同俞曰迹卽車轍馬迹之迹周制十二年一巡狩命太史陳詩以觀民風黜陟幽明章善癉惡皆於此乎在焉東遷以後巡狩之禮廢而王者之迹熄於是太史不復陳詩則有詩而不收詩之教雖謂之詩亡可矣雖復憂時感事陳古刺人空言而已矣孔子曰吾欲託之空言不如見之行事之深切著明也此卽因詩亡而作春秋之旨晉之乘楚之檮杌魯之春秋一也趙曰此三大國史記之名異乘者興於田賦乘馬之事因以為名檮杌者嚚凶之類興於記惡之戒因以為名春秋以二始舉四時記萬事之名孫曰乘丁音剩云晉名春秋為乘者取其善惡無不載檮杌丁音逃兀檮杌惡獸名也楚謂春秋為檮杌者在記惡而與善也杜預春秋序曰春秋者魯史記之名也史之所記必表年以首事年有四時故錯舉以為所記之名也其事則齊桓晉

春秋故於此章特分別言之以見其義

此言孔子既沒道學已微自明己之得之之不易也

文其文則史孔子曰其義則丘竊取之矣朱曰春秋之時五霸迭興而桓文為盛史史官也呂覽知士篇注曰竊私也廣雅釋詁曰取為也俞曰竊取之猶言私為之也孔子作春秋其文其事本之舊史其義則所謂筆則筆削則削游夏不能贊一辭者今案春秋昭十二年公羊傳曰子曰春秋之信史也其序則齊桓晉文其會則主會者為之也其詞則丘有罪焉爾

孟子曰君子之澤五世而斬小人之澤五世而斬朱曰澤猶言流風餘韻也父子相繼為一世斬絕也

予未得為孔子徒也予私淑諸人也朱曰私猶竊也淑善也私竊竊以善其身蓋推尊孔子而自謙之詞也今案史記孟子列傳曰孟子受業子思之門

孟子曰可以取可以無取取傷廉可以與可以無與與傷惠可以死可以無死死傷勇趙曰三者皆謂事可出入不至違義但傷此名亦不陷於惡也

逢蒙學射於羿盡羿之道思天下惟羿為愈己於是殺

孟子屢引公明儀之言其人當少前於孟子非同時人也宜若無罪一語非面詰責難之詞乃引其說而復辨明之也文若面詰然者古人文法高簡常如此耳

吾生矣三字突轉不測

羿。趙曰羿有窮后羿之逢蒙羿之家衆也春秋傳曰羿將歸自田家衆殺之今案事見左襄四年逢蒙荀子王霸篇正論篇呂覽聽言篇史記龜策傳作蠭門呂覽具備篇作蠭蒙莊子山木篇作蓬蒙鹽鐵論能言篇作逢須漢書藝文志作逢門人表及王褒傳作逢門子淮南原道篇作逢蒙子龜策傳集解引作逢蒙門子隸釋曰逢當讀如鼉鼓逢逢之逢阮曰逢字从夆逢蒙逢伯陵逢丑父皆薄紅反東轉爲江乃薄江反宋人廣韻改字作逢薄江切殊謬今案呂覽言蠭門學射於甘蠅與此小異孟子曰。是亦羿有罪焉。公明儀曰。宜若無罪焉。曰。薄乎云爾。惡得無罪。孫曰惡音烏今案此孟子引公明儀之言而正之謂羿之罪差薄於逢蒙不得爲無罪也鄭人使子濯孺子侵衛。衛使庾公之斯追之。子濯孺子曰。今日我疾作。不可以執弓。吾死矣夫。問其僕曰。追我者誰也。其僕曰。庾公之斯也。曰。吾生矣。其僕曰。庾公之斯。衛之善射者也。夫子曰吾生。何謂也。曰。庾公之斯學射於尹公之他。尹

敘畢不更著一語所以爲高

詞意警刻軒豁足以振起懦頑

公之他學射於我。夫尹公之他。端人也。其取友必端矣。庾公之斯至。曰。夫子何爲不執弓。曰。今日我疾作。不可以執弓。曰。小人學射於尹公之他。尹公之他學射於夫子。我不忍以夫子之道反害夫子。雖然。今日之事。君事也。我不敢廢。抽矢扣輪。去其金。發乘矢而後反。趙曰孺子鄭大夫庾公衛大夫僕御也叩輪去鏃使不害人乘四也詩云四矢反兮孟子言是以明羿之罪假使如子濯孺子之得尹公之他而教之何由有逢蒙之禍左傳襄十四年曰衛獻公出奔齊孫氏追之初尹公佗學射於庾公差庾公差學射於公孫丁二子追公公孫丁御公子魚曰射爲背師不射爲戮射爲禮乎射兩軥而還尹公佗曰子爲師我則遠矣乃反之公孫丁授公轡而射之貫臂注曰子魚庾公差今案此與孟子不同阮曰小人學射於尹公之他考文古本他下有曰字

孟子曰。西子蒙不潔。則人皆掩鼻而過之。趙曰西子古之好女西施

語語跌宕票姚

也周禮方相氏注曰蒙冒也賈誼新書勸學篇曰夫以西施之美而蒙不潔則過之者莫不睨而掩鼻淮南脩務篇曰今夫毛嬙西施天下之美人若使之銜腐鼠蒙蝟皮衣豹裘帶死蛇則布衣韋帶之人過者莫不左右睥睨而掩鼻卽本孟子爲文**雖有惡人，齊戒沐浴，則可以祀上帝。**呂覽去尤篇注曰惡醜也鹽鐵論殊路篇曰蒙以不潔鄙人掩鼻惡人盛飾可以宗祀上帝今案此言善惡無常在人自爲

孟子曰：天下之言性也，則故而已矣。故者以利爲本。焦曰利之義爲順故虞翻易注謂巽爲利俞曰荀子性惡篇曰凡禮義者是生於聖人之僞非故生於人之性也楊注曰故猶本也言禮義生於聖人矯僞抑制非本生於人性也今案孟子言性善則人性本有禮義故曰天下之言性也則故而已矣猶曰但言其本然者足矣順其故而求之則自得其本也**所惡於智者，爲其鑿也。如智者若禹之行水也，則無惡於智矣。禹之行水也，行其所無事也。如智者亦行其所無事，則智亦**

天之高也五句詞忽軒舉有倚天拔地之勢乃孟子浩然之氣所流露也

大矣朱曰禹之行水則因其自然之勢而導之未嘗以私智穿鑿而有所事是以水得其潤下之性而不爲害也孫曰惡烏路切天之高也星辰之遠也苟求其故千歲之日至可坐而致也趙曰致至也知其日至在何日也

公行子有子之喪右師往弔入門有進而與右師言者有就右師之位而與右師言者趙曰公行子齊大夫也右師齊貴臣王驩顧炎武曰禮父爲長子斬衰三年故云有子之喪今案父爲長子斬衰三年見儀禮喪服篇孟子不與右師言右師不悅曰諸君子皆與驩言孟子獨不與驩言是簡驩也呂覽驕恣篇注曰簡傲也孟子聞之曰禮朝廷不歷位而相與言不踰階而相揖也我欲行禮子敖以我爲簡不亦異乎趙曰公行之喪齊卿大夫以君命會各有位次故云朝廷也說文曰歷過也

孟子曰君子所以異於人者以其存心也君子以仁存

曲寫聖賢存心處世之學惻惻動人筆意警湛無對即曾子自反不縮之意世但見孟子持論高亢不羣惡知其從克己實踐程功其刻篤乃爾

是故君子有終身之憂兩句逆提乃若所憂則有之再用逆筆舜人也以下尤爲軒明儁偉退之屢摹此種

心以禮存心仁者愛人有禮者敬人愛人者人恆愛之敬人者人恆敬之有人於此其待我以橫逆君子必自反也我必不仁也必無禮也此物奚宜至哉（趙曰橫逆者以暴虐之道來加我也物事也）其自反而仁矣自反而有禮矣其橫逆由是也君子必自反也我必不忠（朱曰由與猶同下放此忠者盡己之謂我必不忠恐所以愛敬人者有所不盡其心也）自反而忠矣其橫逆由是也君子曰此亦妄人也已矣如此則與禽獸奚擇哉於禽獸又何難焉（朱曰又何難焉言不足與之校也孫曰難乃旦切呂覽簡選篇注曰擇別也）是故君子有終身之憂無一朝之患也乃若所憂則有之舜人也我亦人也舜爲法於天下可傳於後世我由未免爲鄉人也是則可憂也憂之如何如舜而已矣若夫君子

非仁無爲也二句逆接得勢

譬喻警切識議宏道

所患則亡矣非仁無爲也非禮無行也如有一朝之患則君子不患矣趙曰君子之行本自不致患如有一朝橫來之患非己愆也故君子不以爲患也禮記檀弓篇子思曰故君子有終身之憂無一朝之患賈誼新書勸學篇曰舜何人也我何人也舜獨有聖賢之名明君子之實而我曾無鄉里之聞寬徇之智者獨何與

禹稷當平世三過其門而不入孔子賢之公羊傳隱元年何注曰平治也顏子當亂世居於陋巷一簞食一瓢飲人不堪其憂顏子不改其樂孔子賢之朱曰食音嗣樂音洛孟子曰禹稷顏回同道朱曰聖賢之道進則救民退則脩己其心一而已矣禹思天下有溺者由己溺之也稷思天下有飢者由己飢之也是以如是其急也禹稷顏子易地則皆然音義丁云由與猶義同今有同室之人鬭者救之雖被髮纓冠而救之可也趙曰纓冠者以冠纓貫頭也朱曰不

暇束髮而結纓往救言急也以喻禹稷焦曰釋名釋首飾云纓頸也自上而下繫於頸也急於戴冠不及使纓攝於頸而與冠並加於頭是以纓為冠故曰纓冠阮曰考文古本而下有往字鄉鄰有鬭者被髮纓冠而往救之則惑也雖閉戶可也朱曰喻顏子也

公都子曰匡章通國皆稱不孝焉夫子與之遊又從而禮貌之敢問何也趙曰匡章齊人也俞曰禮與體古字通齊策令人體貌而親郊迎之漢書賈誼傳所以體貌大臣皆其證告子篇禮貌未衰禮貌衰並當讀為體孟子曰世俗所謂不孝者五惰其四支不顧父母之養一不孝也博弈好飲酒不顧父母之養二不孝也好貨財私妻子不顧父母之養三不孝也從耳目之欲以為父母戮四不孝也好勇鬭很以危父母五不孝也章子有一於是乎孫曰很胡懇切今案從與縱字通廣雅釋詁曰戮辱也曲禮注曰很鬩也夫章子子父責善而不

夫章子以下至末句句截斷低徊欲絶陳仲子通國景仰而孟子抑之匡章通國譏議而孟子與之不有超羣軼倫之識烏足以知人論世哉

相遇也。俞曰齊策曰秦假道韓魏以攻齊齊威王使章子將而應之燕策曰王令章子將五都之兵以伐燕止稱章子不稱匡章無以知其與孟子所與遊者齊策有章子之母爲其父所殺一事與孟子所謂子父責善者了不相涉高誘注戰國策初不以章子爲卽匡章呂氏春秋論大篇匡章之難惠子以王齊王也注曰匡章乃孟軻所謂通國稱不孝者莊子盜跖篇匡子不見父釋文引司馬彪云事見孟子不云見國策則自唐以前固無匡章卽齊策章子之說責善朋友之道也。父子責善賊恩之大者。呂覽不屈篇注曰賊害也夫章子豈不欲有夫妻子母之屬哉。爲得罪於父不得近。出妻屏子。終身不養焉。其設心以爲不若是。是則罪之大者。是則章子已矣。趙曰夫章子豈不欲身有夫妻之配子有子母之屬哉但以身得罪於父不得近父故出去其妻屏遠其子其心以爲不若是以自責罰是則罪益大矣是章子之行已矣孟子辨惑曰終身不養止是畜養之養今案不養謂不畜妻子也

曾子居武城。有越寇。或曰。寇至盍去諸。趙曰盍何不也史記仲尼弟子

沈猶行口中不言當去之義所以讓之後文也

列傳曰曾參南武城人周柄中曰南武城卽費縣之武城今故城在費縣西南九十里今案說苑尊賢篇載魯人攻鄪事與此小異

曰無寓人於我室毀傷其薪木寇退則曰脩我牆屋我將反寇退曾子反左右曰待先生如此其忠且敬也寇至則先去以為民望寇退則反殆於不可

朱曰忠敬言武城之大夫事曾子忠誠恭敬也為民望言使民望而效之王引之曰於猶為也殆於不可言殆為不可也

沈猶行曰是非汝所知也昔沈猶有負芻之禍從先生者七十人未有與焉

趙曰沈猶行曾子弟子也行曰往者先生嘗從門徒七十人舍吾沈猶氏時有作亂者曰負芻來攻沈猶氏先生率弟子去之不與其難言師賓不與臣同孫曰與音預翟曰荀子儒效篇仲尼將為司寇沈猶氏不敢朝飲其羊沈猶蓋魯之著氏也錢大昕潛研堂答問曰春秋有曹伯負芻史記有楚王負芻負芻為人名審矣

子思居於衛有齊寇或曰寇至盍去諸子思曰如伋去君誰與守

趙曰伋子思名也

孟子曰曾子

堯舜與人同耳答得斬截峻峭以下當連讀言堯舜何異於人唯富貴利達之流乃不堪令人瞯耳雖語意近刻然文氣不可截斷想孟子英雄氣概固亦縱談無忌耳

子思同道。曾子師也。父兄也。子思臣也。微也。曾子子思易地則皆然。微言位卑猶云微者也

儲子曰。王使人瞯夫子。果有以異於人乎。孟子曰。何以異於人哉。堯舜與人同耳。趙曰儲子齊人也阮曰瞯宋九經本岳本咸淳衢州本孔本韓本攷文古本同監毛二本作覸音義出瞯夫作瞯此與滕文公篇陽貨瞯孔子同字音勘王念孫廣雅疏證曰覸之言閒也閒覗也瞯與覸同

齊人有一妻一妾而處室者。其良人出則必饜酒肉而後反。其妻問所與飲食者。則盡富貴也。趙曰良人夫也史記儀張傳索隱曰饜飽也文選寡婦賦秋胡詩古詩王景玄雜詩注引並作厭饜厭字通其妻告其妾曰。良人出則必饜酒肉而後反。問其與飲食者。盡富貴也。而未嘗有顯者來。吾將瞯良人之所之也。蚤起。施從良人之所之。徧國中無與立談者。卒之

機誚伶傳

今若此三字截斷聲情嗚咽

轉落處尤刻

以下打動儲子便收更不迴照前文而神氣自合

東郭墦閒之祭者乞其餘不足又顧而之他此其爲饜足之道也（趙曰施者邪施而行不欲使良人覺也墦閒郭外冢閒也乞其祭者所餘酒肉也孫曰施丁音迤焦曰施與迤通）其妻歸告其妾曰良人者所仰望而終身也今若此與其妾訕其良人而相泣於中庭（洪邁容齊二筆曰其妻歸告其妾句六字括上文不煩複述也既告之後乃復曰良人者所仰望而終身者也今若此此字指上文己歸而告故用此字指之說文曰訕謗也）而良人未之知也施施從外來驕其妻妾（趙曰施施猶扁扁喜悅之貌孫曰施施丁依字張音怡焦曰扁扁即翩翩詩巷伯釋文云翩字又作扁漢書敘傳顏師古注亦云翩翩自喜之貌）由君子觀之則人之所以求富貴利達者其妻妾不羞也而不相泣者幾希矣

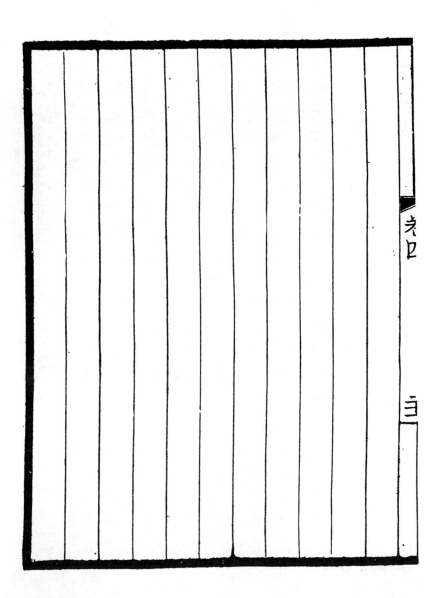

先大夫曰此篇尙論古人及交際辭受之節而以尙友終之

此章以怨慕二字發明大舜之孝怨慕也三字乃一篇之肯而止用三字爲句甚勁挺自萬章曰以下專釋怨字公明高一段先虛虛拍合帝使其子一段始實寫猶以爲未足又排奡其氣以覆述之自天下之士悅之至貴爲天子而不足以解憂皆極力頓挫人悅之四句復總挈以重頓之然後以重筆落下怨字到此方足筆力何等沈鷙人少五句專爲終身慕作勢頓挫慕字意足乃倒落入舜作收前半說怨後半說

孟子文法讀本卷第五

霸縣高步瀛集解
桐城吳闓生評點

萬章

萬章問曰舜往于田號泣于旻天何爲其號泣也（趙曰謂耕於歷山之時說文引虞書曰仁覆閔下則稱旻天）孟子曰怨慕也（趙曰言舜自怨遭父母見惡之厄而思慕也）萬章曰父母愛之喜而不忘父母惡之勞而不怨然則舜怨乎（禮記祭義曰曾子曰父母愛之喜而不忘父母惡之懼而無怨又見大戴禮曾子大孝篇孫曰惡烏路切）曰長息問於公明高曰舜往于田則吾既得聞命矣號泣于旻天于父母則吾不知也公明高曰是非爾所知也夫公明高以孝子之心爲不若是恝我竭力耕田共爲子職而已矣父母之不我愛於我何哉（趙曰長息公明高弟子公明高曾子弟子恝無愁之貌孫曰恝張古點切丁音界說文作忿許介切共音）

慕通章兩截不相貫串乃章首預先安好怨慕也三字緊緊綰住章法何等奇妙但在孟子此猶其淺者

天下之士句挺起仍上節之意而覆衍之便成如許奇文可悟文章伸縮之法

供今案我竭力耕田以下申言上恝字之義謂恝然無情者但知竭力耕田以供子職而已覩父母之不我愛於我無與焉孝子之心必不若是所以不能無怨也帝使其子九男二女百官牛羊倉廩備以事舜於畎畝之中天下之士多就之者帝將胥天下而遷之焉為不順於父母如窮人無所歸趙曰帝堯也堯使九子事舜以為師以二女妻舜史記五帝本紀曰堯以二女妻舜以觀其內九男與處以觀其外呂覽去私篇曰堯有子十人高誘注曰孟子曰堯使九男二女事舜此曰十子殆丹朱為胤子不在數中五帝本紀又曰一年而所居成聚二年成邑三年成都是天下之士多就之也胥猶舉也率也胥舉皆訓皆聲亦相近遷之謂移以與之也天下之士悅之人之所欲也而不足以解憂好色人之所欲妻帝之二女而不足以解憂富人之所欲富有天下而不足以解憂貴人之所欲貴為天子而不足以解憂人悅之好色富貴無足以解憂者惟順

熱中一語加倍寫法所謂頰上添毫亦是精神旁溢之處

析義至精著語不多而能使聖人心事坦白呈露此由養氣功深故筆力雄健他人未易幾也象憂亦憂誠信而喜之二處亦同

於父母可以解憂朱曰孟子推舜之心如此以解上文之意人少則慕父母知好色則慕少艾有妻子則慕妻子仕則慕君不得於君則熱中大孝終身慕父母五十而慕者予於大舜見之矣趙曰艾美好也朱曰熱中躁急心熱也言常人之情因物有遷聖人為能不失其本心也孫曰知好色此好字呼報切餘並如字今案晉語國君好艾趙策乃與幼艾楚辭九歌慫長劍兮擁幼艾並與此少艾義同

萬章問曰詩云娶妻如之何必告父母信斯言也宜莫如舜舜之不告而娶何也趙曰詩齊風南山之篇孟子曰告則不得娶男女居室人之大倫也如告則廢人之大倫以懟父母是以不告也爾雅釋言曰懟怨也萬章曰舜之不告而娶則吾既得聞命矣帝之妻舜而不告何也曰帝亦知告焉

此節文詞高古近尚書蓋古傳記之逸文史記載此較詳而其義互備蓋當時尚有所本史文義較奥深凡孟子之書與他書同者孟文每覺平近翟晴江以爲孟子在六朝時尤爲駁雜蓋經後人竄易多矣其說是也

則不得妻也・趙曰帝堯知舜大孝父母止之舜不敢違則不得妻之故亦不告孫曰妻七祭切左傳桓六年注曰妻嫁女與人也萬章曰・父母使舜完廩・捐階・瞽瞍焚廩・使浚井・出・從而揜之・趙曰完治廩倉階梯也使舜登廩屋而捐去其階焚燒其廩也一說捐階舜即旋從階下瞽瞍不知其已下故焚廩也使舜浚井舜入而即出瞽瞍不知其已出從而蓋其井史記五帝本紀曰堯乃賜舜絺衣與琴爲築倉廩予牛羊瞽叟尚復欲殺之使舜上塗廩瞽叟從下縱火焚廩舜乃以兩笠自扞而下去得不死後瞽叟又使舜穿井舜穿井爲匿空旁出舜既入深瞽叟與象共下土實井舜從匿空出去象曰・謨蓋都君・咸我績・牛羊父母・倉廩父母・干戈朕・琴朕・弤朕・二嫂使治朕棲・趙曰象舜異母弟謨謀蓋覆也咸皆績功也干楯戈戟也琴舜所彈五弦琴也弤彫弓也棲牀也二嫂娥皇女英使治牀欲以爲妻也朱曰舜所居三年成都故謂之都君孫曰弤都禮切丁音彫云義與彈同象往入舜宮・舜在牀琴・象曰・鬱陶思君爾・忸怩・舜曰・惟茲臣庶・汝其于予治・趙曰爾辭也孫曰忸

象憂亦憂象喜亦喜至情語透澈入骨

圉圉數語狀物得神三代以上寫生妙手如此不滅風人之託詠也

女六切怩音尼方言曰鬱悠思也廣雅釋言曰陶憂也楚辭九辯鬱陶而思君王逸注曰憤念蓄積盈胸臆也晉語韋昭注曰忸怩慙貌王引之曰于爲也爲助也于予治謂助我治也不識舜不知象之將殺己與孫曰與音餘下同曰奚而不知也象憂亦憂象喜亦喜趙曰仁人愛其弟憂喜隨之曰然則舜僞喜者與曰否昔者有饋生魚於鄭子產子產使校人畜之池校人烹之反命曰始舍之圉圉焉少則洋洋焉攸然而逝子產曰得其所哉得其所哉趙曰校人主池沼小吏也洋洋舒緩搖尾之貌孫曰校音效丁音教畜許六反朱曰圉圉困而未舒之貌攸與悠同爾雅釋詁曰悠遠也論語陽貨篇皇侃疏曰逝速也今案謂速去也校人出曰孰謂子產智予既烹而食之曰得其所哉得其所哉故君子可欺以其方難罔以非其道彼以愛兄之道來故誠信而喜之奚僞焉朱曰象以愛兄之道來所謂欺之以其方也舜本不知其

此章妙處萬章專論理孟子專論情問答處直不相屬而聖人心事乃曲曲如繪象之罪不僅當放章已疑之矣孟子乃以封答之接得雄渾之至卻預伏或曰放焉一筆以為下文地步章法尤佳萬章復問一段義理具足孟子全不理會另說一段仁人待弟之理象之不可不封自見然後章問或曰放焉之義乃悟前半伏筆之妙卻從此義推出不得有為其國而上文章之所疑不煩言而悉解矣至斷定其為放又嫌於天倫之情有戾故著雖然一轉寫出聖人愛弟纏綿不已之意文情邈

僞故實喜之何僞之有論語雍也篇集解引孔曰方道也漢書王嘉傳注曰罔誣蔽也

萬章問曰象日以殺舜為事立為天子則放之何也孟子曰封之也或曰放焉韓非子忠孝篇曰瞽瞍為舜父而舜放之象為舜弟而殺之日戰國時流言之妄如此萬章知無放瞍殺象之事而不能無疑於放象之說孟子力辨其并無之則其餘邪說悉不待辨而息已

萬章曰舜流共工於幽州放驩兜于崇山殺三苗于三危殛鯀于羽山四罪而天下咸服誅不仁也象至不仁封之有庳有庳之人奚罪焉仁人固如是乎在他人則誅之在弟則封之史記五帝本紀集解引馬融曰流放也又引鄭玄曰共工水官名正義引括地志曰故龔城在檀州燕樂縣界故老傳云舜流共工于幽州居此闇曰卯今順天密雲縣今案太平御覽地部引盛弘之荆州記曰書云放驩兜於崇山崇山在澧陽縣南七十五里殺尚書作竄竄殺皆𥨍之借字說文𥨍塞也讀若竄三苗之竄𥨍謂杜塞之不得通中國也字又作糳或假蔡為之左傳昭

然而遠擲一筆綰結後半卻又從章問而出不假牽涉天衣無縫　或曰放焉預萬章之問全是文章頓挫跌岩處前後數章皆然

元年周公殺管叔而蔡蔡叔注曰蔡放也釋文曰說文作粲五帝本紀曰三苗在江淮荊州數為亂集解引馬融曰三苗國名也正義曰吳起云三苗之國左洞庭而右彭蠡今江州鄂州岳州三苗之地也通典以潭州岳州衡州皆古三苗地正義又引括地志曰三危山俗亦名卑羽山在沙州敦煌縣東南三十里集解引馬融曰殛誅也孫星衍尚書注疏曰誅者遣責之非殺也漢書鮑宣傳曰昔堯放四罪而天下服是殛卽放也祭法疏引鄭志答趙商曰鯀非誅死鯀放居東裔至死不得反於朝是也地理志東海祝其原注曰禹貢羽山在南鯀所殛山在今山東郯城縣東北七十里漢書鄒陽傳庳作卑武五子傳作鼻顏注曰有鼻在零陵今鼻亭是也史記正義引括地志曰鼻亭神在道縣北六十里故老傳云舜葬九疑象來此後人立祠名為鼻亭神今案有庳在今湖南零陵縣以前相傳如此閻氏若璩疑之以為其地太遠源源而來將終歲奔走於道路竊謂孟子言象不得有為於其國天子使吏治之蓋未之國也既未之國不必久居帝都或居有虞之故國故可源源而來至舜崩乃之國故後人為立祠正以當時所封去帝都太遠故或以為故也

曰・仁人之於弟也・不藏怒焉・不宿怨焉・親愛之而已矣・親之・欲其貴也・

愛之欲其富也封之有庳富貴之也身爲天子弟爲匹夫可謂親愛之乎漢書鄒陽傳曰夫仁人之於兄弟無藏怒無宿怨厚親愛而已本此敢問或曰放者何謂也曰象不得有爲於其國天子使吏治其國而納其貢稅焉故謂之放豈得暴彼民哉雖然欲常常而見之故源源而來不及貢以政接于有庳此之謂也源說文引作謜趙作源曰源源如流水之與源通朱曰不及貢以政接于有庳蓋古書之詞而孟子引以證源源而來之意見其親愛之無已如此也吳辟畺曰不及貢以政句絕以與也謂不待及諸侯朝貢與政事而以私接見有庳之君也說文解字通論封之于鼻不及以政猶欲見之可證以政二字當屬上讀

咸丘蒙問曰語云盛德之士君不得而臣父不得而子舜南面而立堯帥諸侯北面而朝之瞽瞍亦北面而朝之舜見瞽瞍其容有蹙孔子曰於斯時也天下殆哉岌

堯老舜攝一句斷定引書以下止辨堯喪之前舜未爲天子一切邪詞謬語不闢自破是用筆大方處蓋齊東野一語直可噴飯固不屑一一駁難之也　雖言堯老舜攝然舜不爲天子孟子亦不得其證但就堯之三年喪斷之蓋典籍散亡雖孟子時可證之書已不多也

岌乎不識此語誠然乎哉趙曰咸丘蒙孟子弟子言堯與瞽瞍皆臣事舜其容有蹙踖不自安也岌岌乎不安貌也孫曰蹙子六切岌魚及切墨子非儒篇曰孔某與其門弟子閒坐曰夫舜見瞽瞍蹴然此時天下圾乎韓非子忠孝篇引記曰舜見瞽瞍其容造焉孔子曰當是時也危哉天下岌岌有道者父固不得而子君固不得而臣也翟曰韓非所引之記即咸丘蒙所引之說孟子曰否此非君子之言齊東野人之語也堯老而舜攝也堯典曰二十有八載放勳乃徂落百姓如喪考妣三年四海遏密八音孔子曰天無二日民無二王舜既爲天子矣又帥天下諸侯以爲堯三年喪是二天子矣趙曰東野東作田野之人書曰平秩東作謂治農事也孟子言舜攝行事耳未爲天子也徂落死也遏止也密無聲也孫曰勳作勛阮曰勛孔本考文古本作勳史記五帝本紀曰堯立七十年得舜二十年而老令舜攝行天子之政薦之於天堯辟位凡二十八年而崩百姓悲哀如喪考妣三年四方莫舉樂以思堯白虎通禮樂篇曰樂記曰土曰塤竹曰管皮曰鼓

解詩詞旨賓白軒豁昭朗

此數語有絃外音

匏曰笙絲曰弦石曰磬金曰鐘木曰柷敔此謂八音也孫星衍曰塤作於周時唐虞八音蓋鼓兼皮土二音禮記曾子問篇孔子曰天無二日土無二王坊記喪服四制大戴禮本命篇並同咸丘蒙曰舜之不臣堯則吾既得聞命矣詩云普天之下莫非王土率土之濱莫非王臣而舜既爲天子矣敢問瞽瞍之非臣如何趙曰詩小雅北山之篇普徧率循也朱曰不臣堯不以堯爲臣也今案毛詩普作溥吳辟疊曰非臣如何如而也曰是詩也非是之謂也勞於王事而不得養父母也曰此莫非王事我獨賢勞也孫曰養於亮切下皆同詩北山序曰役使不均勞於王事而不得養其父母焉王念孫曰賢亦勞也賢勞猶言劬勞故毛傳云賢勞也焦曰呂氏春秋慎人篇云舜自爲詩曰普天之下莫非王土率土之濱莫非王臣蓋當時相傳此詩爲舜作故咸丘蒙引以爲問孟子直據北山之詩解之則詩非舜作明矣故說詩者不以文害辭不以辭害志以意逆志是爲得之如以辭而已矣雲漢之詩曰

孝子之至憑空特起如山岳聳峙所謂磊磊軒天地者也當時無太上皇之例孟子之論特以義起而後世賴以定焉儒者之功足以紀綱萬世者如此若無孟子之辨咸丘所疑未必不中於人心之謬觀太公迎門擁篲可知孟子之識所宏被者遠矣

轉就咸丘所言爲下一解所謂棋無盡殺也

別出證據作收不獨韻味饒勝亦藉應前文以爲結束下章未聞劌烹要湯準此

周餘黎民靡有孑遺信斯言也是周無遺民也文詩之文章辭詩之辭句志作詩之本志也逆如不逆詐之逆猶推測也謂以讀者之意推測作者之志也詩大雅雲漢篇毛傳曰孑遺孑然遺失也今案遺失卽遺佚謂殘餘也鄭箋曰黎衆也蓋詩人之志在於憂旱而甚其辭非真無一人也孝子之至莫大乎尊親尊親之至莫大乎以天下養爲天子父尊之至也以天下養養之至也詩曰永言孝思孝思維則此之謂也趙曰至極也詩大雅下武之篇朱曰言人能長言孝思而不忘則可以爲天下法則也書曰祗載見瞽瞍夔夔齊栗瞽瞍亦允若是爲父不得而子也趙曰書尚書逸篇祗敬載事也夔夔齊栗敬慎戰懼貌爾雅釋詁曰允信也釋言曰若順也瞽瞍亦信而順之所謂克諧以孝烝烝乂不格姦也蓋父不得而子者本非知道之言必若所云則此書所言尚可曲爲之說也阮本內府本齊並作齋

萬章曰堯以天下與舜有諸孟子曰否天子不能以天

此兩章論禪讓大節所以維持百代政體絕姦邪覬覦之路識議宏偉文詞雄邁此章章問以天下與舜開口便答以天子不能以天下與人凜然大義如見逮章再問乃答以天與奇警得未曾有三答天不言以行與事示之而已尤甚奇闢為人所不能解天子能薦人於天以下橫發一段奇論警湛動人筆勢排奡奇縱薦之於天而天受之暴之於民而民受之皆前無古人奇偉獨創實使人茫然不知其故無怪章層層追問創此奇格也昔者堯薦舜於天筆勢挺起天與之意前文已明民受之義尚在後半此為逆提使之主祭六句始

下與人（朱曰天下者天下之天下非一人之私有故也）然則舜有天下也孰與之曰天與之（朱曰萬章問孟子答也）天與之者諄諄然命之乎（朱曰萬章問也孫曰諄之純切說文曰諄告曉之孰也）曰否天不言以行與事示之而已矣（朱曰行之於身謂之行措諸天下謂之事言但因舜之行與事而示以與之之意耳孫曰行張去聲）曰以行與事示之者如之何曰天子能薦人於天不能使天與之天下諸侯能薦人於天子不能使天子與之諸侯大夫能薦人於諸侯不能使諸侯與之大夫昔者堯薦舜於天而天受之暴之於民而民受之故曰天不言以行與事示之而已矣（孫曰暴步卜切露也漢書西域傳注曰暴謂顯揚也）曰敢問薦之於天而天受之暴之於民而民受之如何曰使之主祭而百神享之是天受之使之主事而事治

將主意點明令人詫歎不置天與之三句以提爲束氣勢極緊句法極健將前半層層應到天下諸侯以下實敘人與之故天與祇是主祭其事尙隱人與乃是天下歸心其效始著然人與未嘗不歸其權於天故仍納於天與界中夫然後之中國踐天子位焉見得其難如此此豈篡臣賊子所得藉口哉收引泰誓恰將民與一層納入天意脗合章旨而天意必徵之民尤不落空乃是聖賢眞實本領也

故曰天不言故曰天子不能以天下與人故曰天也層層繳應如摺異錦

孟子學術最合世界大

百姓安之是民受之也天與之人與之故曰天子不能以天下與人（文選王命論注引使之主事事治而百姓安之）舜相堯二十有八載非人之所能爲也天也堯崩三年之喪畢舜避堯之子於南河之南天下諸侯朝覲者不之堯之子而之舜訟獄者不之堯之子而之舜謳歌者不謳歌堯之子而謳歌舜故曰天也夫然後之中國踐天子位焉（史記五帝本紀集解引劉熙曰天子之位不可曠年於是遂反格于文祖而當帝位帝王所都爲中故曰中國正義曰括地志云故堯城在濮州甄城縣東北十五里又有偃朱城在縣西北十五里按濮州北臨漯大川也河在堯都之南故曰南河文選陸機答賈長淵詩注訟獄作獄訟故曰作舜曰夫然後之中國作夫而後歸中國）而居堯之宮逼堯之子是篡也非天與也（王引之曰而居堯之宮而猶如也易明夷象傳虞注云而如也）泰誓曰天視自我民視天聽自我民聽此

同公理民貴獨夫等說允具共和之精神冠絕二千年來為他載籍所遠不及此章主旨亦同而兼天人二義而言尤為通達精到蓋共和之真諦在合大多數人民之公意此大多數之公意非僅民字之所得而包不得不屬之於天而其實仍自人心之同然者徵之天視民視天聽民聽其義實精妙絕倫歟美最近之政治家持論不能有過也

而居堯之宮三句此等掉尾他人所無所謂恣肆所謂天矯者是也

此等斷制極奇闢極正大覺絕千載獨抒偉論蓋孟子意中以為傳子傳賢都無足關輕重要以符於天洽於人而已

之謂也。阮曰泰閩監毛三本同宋九經本咸淳衢州本作大廖本孔本韓本作太按泰太皆俗古祇作大

萬章問曰。人有言至於禹而德衰。不傳於賢而傳於子。有諸。韓非子外儲說潘壽對燕王曰禹名傳天下於益而實令啓自取之也此禹之不及堯舜明矣新序節士篇禹問伯成子高曰子辭諸侯而耕何故伯成子高曰昔堯之治天下舉天下而傳之他人至無欲也擇賢而與之其位至公也舜亦猶然今君之所懷者私也百姓知之貪爭之端自此始矣德自此衰刑自此繁矣翟曰萬章所謂人言蓋此等孟子曰。否不然也。趙曰否不也不如人所言阮曰因注可正今本經文之誤經文無不字故注云云孟子之否然即今人之不然也天與賢則與賢。天與子則與子。昔者舜薦禹於天十有七年。舜崩三年之喪畢。禹避舜之子於陽城。天下之民從之。若堯崩之後不從堯之子而從舜也。禹薦益於天七年。禹崩三年之

而所謂天者卽以人民之公意卜之如上章所陳斯眞千古言治之極則而大同共和之粹義也

實敘舜禹益避世皆有地點可指明非臆論武斷

吾君之子也以下竟截斷文體之所以峻人人胸中所有能手卽不言之

丹朱句挺起以下更切實發揮俾其理曉暢

施澤於民未久句又斷相去久遠久當作近

莫之爲而爲二句愈拓愈遠更不回顧

匹夫句憑空挺起　以下崇論閎議上下古今

喪畢益避禹之子於箕山之陰朝覲訟獄者不之益而之啓曰吾君之子也謳歌者不謳歌益而謳歌啓曰吾君之子也史紀夏本紀曰帝舜薦禹於天爲嗣十七年而帝舜崩三年喪畢禹辭避舜之子商均於陽城集解引劉熙曰今潁川陽城是也閻曰陽城山名漢陽城縣以山得名此山在今登封縣北三十八里夏本紀又曰帝禹東巡狩至於會稽而崩以天下授益三年之喪畢益讓帝禹之子啓而避居箕山之陽集解曰孟子陽字作陰伯夷列傳正義曰箕山亦名許由山在洛州陽城縣南十三里公羊桓十六年注曰山北曰陰丹朱之不肖舜之子亦不肖舜之相堯禹之相舜也歷年多施澤於民久啓賢能敬承繼禹之道益之相禹也歷年少施澤於民未久舜禹益相去久遠其子之賢不肖皆天也非人之所能爲也莫之爲而爲者天也莫之致而至者命也相去久遠謂歷年之多少也吳辟畺曰久疑近之壞字匹夫而有

兼綜幷貫而絲絲入扣論理論事宏通肅括使讀者暢然意滿怡然理順退之對禹問看似翻案實則皆從此數行中衍出顧猶有求其說而不得云云獨不畏後人發笑邪

前路重重留咽至故益伊尹周公不有天下句始承得住而隨手帶出伊周以開下文章法奇妙伊復即伊尹事以疏通證明而將周公益一筆總收章法亦迷離莫測

天下者德必若舜禹而又有天子薦之者故仲尼不有天下朱曰孟子因禹益之事歷舉此下兩條以推明之繼世以有天下天之所廢必若桀紂者也故益伊尹周公不有天下繼世而有天下者乃夏殷以來之恆例故必有大惡如桀紂而後天乃廢之伊尹相湯以王於天下湯崩太丁未立外丙二年仲壬四年太甲顛覆湯之典刑伊尹放之於桐三年太甲悔過自怨自艾於桐處仁遷義三年以聽伊尹之訓己也復歸於亳趙曰艾治也孫曰艾音刈史記殷本紀曰湯崩太子太丁未立而卒於是迺立太丁之弟外丙是爲帝外丙帝外丙卽位二年而崩立外丙之弟中任是爲帝中任帝中任卽位四年崩伊尹迺立太丁之子太甲是爲帝太甲帝太甲既立三年不明暴虐不遵湯法亂德於是伊尹放之於桐宮帝太甲居桐宮三年悔過自責反善於是伊尹迺迎帝太甲而授之政集解引鄭玄曰桐地名也有王離宮焉正義曰晉太康地記云尸鄉南有亳坂東有城太甲所放處也按尸鄉

周公事獨不詳言文法伸縮引孔子言作結大義炳然與通體相稱

述伊尹之行與言貫亮坦易稱其爲人思天下之民四句尤能說到盡處

在洛州偃師縣西南五里也周公之不有天下猶益之於夏伊尹之於殷也孔子曰唐虞禪夏后殷周繼其義一也

萬章問曰人有言伊尹以割烹要湯有諸孫曰要音邀下皆同墨子尚賢中篇曰伊摯有莘氏之私臣親爲庖人下篇曰昔伊尹爲莘氏女師僕使爲庖人湯得而舉之莊子庚桑楚篇曰湯以胞人籠伊尹呂覽本味篇載之尤詳蓋戰國時有爲此說者孟子曰否不然阮曰不字衍文伊尹耕於有莘之野而樂堯舜之道焉非其義也非其道也祿之以天下弗顧也繫馬千駟弗視也非其義也非其道也一介不以與人一介不以取諸人趙曰有莘國名殷本紀正義引地括志曰古莘國在汴州陳留縣東五里故莘城是也詩清人箋曰駟四馬也介與芥通假方言曰芥草也有莘呂覽本味篇作有侁列女傳母儀篇作有㜪湯使人以幣聘之囂囂然曰我何以湯之聘幣爲哉我豈若處畎畝之中由

彼字上脫一與字應依
後伯夷章校補彼章乃
重出衍文應芟薙也

是以樂堯舜之道哉趙曰囂囂然自得之志無欲之貌也孫囂作嚻曰五高切又許驕切湯三使往聘之既而幡然改曰與我處畎畝之中由是以樂堯舜之道吾豈若使是君爲堯舜之君哉吾豈若使是民爲堯舜之民哉吾豈若於吾身親見之哉趙曰幡反也孫曰幡張云與翻同荀子強國篇曰反然舉惡桀紂而貴湯武注曰反音翻翻然改變貌天之生此民也使先知覺後知使先覺覺後覺也予天民之先覺者也予將以斯道覺斯民也非予覺之而誰也朱曰此亦伊尹之言也說文曰覺寤也思天下之民匹夫匹婦有不被堯舜之澤者若己推而內之溝中其自任以天下之重如此故就湯而說之以伐夏救民孫曰內張音納說如字亦音稅吾未聞枉己而正人者也況辱己以正天下者乎聖人之行不同也

卓識通論獨有千古時時縱筆題外文字所以雄遠

收詼詭有趣

此篇不須大力做去蓋孔子至聖此區區小誇不足深辨進以禮退以義觀近臣以其所為主

或遠或近或去或不去歸絜其身而已矣朱曰遠謂隱遁也近謂仕近君也阮曰潔閩監毛三本同石經廖本孔本韓本作絜吾聞其以堯舜之道要湯未聞以割烹也朱曰此亦猶前章所論父不得而子之意伊訓曰天誅造攻自牧宮朕載自亳趙曰伊訓尚書逸篇名牧宮桀宮載始也亳殷都也朱曰孟子引此以證伐夏救民之事爾雅釋詁曰朕我也江聲曰伊尹自謂也書序典寶鄭注引伊訓云載孚于亳

萬章問曰或謂孔子於衛主癰疽於齊主侍人瘠環有諸乎趙曰瘠姓環名侍人也朱曰主謂舍於其家以之為主人也孫曰癰於容切疽七余切翟曰說苑至公篇述此章無或謂二字癰疽作雍睢侍作寺瘠作脊史記孔子世家雍渠為驂乘韓非子作雍鉏均以聲同通借字耳焦曰衛策云衛靈公近癰疽高誘注云孟子有其人蓋醫之幸者今案翟引韓非見難四侍人卽寺人侍寺字通孟子曰否不然也好事者為之也阮曰不字衍文於衛主顏讎由彌子之妻與子路之妻兄弟也彌子謂子路

寥寥數言淡淡折之便已毫無疑義收不須證佐直以孔子生平斷之直捷勁健

曰孔子主我衛卿可得也子路以告孔子孔子曰有命孔子進以禮退以義得之不得曰有命趙曰顏讎由衛賢大夫彌子彌子瑕也孫曰讎張音醜之平聲亦如字史記孔子世家曰孔子適衛主於子路妻兄顏濁鄒家漢書人表作顏燭雛注曰卯顏涿聚也今按濁鄒涿聚音近之轉讎由卯濁鄒然人表則以顏讎由與顏燭雛為二人而主癰疽與侍人瘠環是無義無命也王引之曰而猶如也孔子不悅於魯衛遭宋桓司馬將要而殺之微服而過宋是時孔子當阨主司城貞子為陳侯周臣趙曰孔子以道不合不見悅魯衛之君而去適諸侯遭宋桓魋之故乃變更微服而過宋陳侯周陳懷公子也朱曰孟子言孔子雖當阨難然猶擇所主況在齊衛無事之時豈有主癰疽侍人之事乎史記孔子世家曰孔子由大司寇行攝相事齊人聞而懼於是選齊國中女子好者八十人文馬三十駟遺魯君季桓子微服往觀再三將受乃語魯君為周道游往觀終日怠於政事孔子遂行適衛主於子路妻兄顏濁鄒家又曰靈公與夫人同車宦者雍渠參乘出使孔子為次乘招搖

市過之孔子於是醜之去衛過曹適宋與弟子習禮大樹下宋司馬桓魋欲殺孔子拔其樹孔子去遂至陳主於司城貞子家陳杞世家曰陳立懷公之子越是爲湣公索隱曰按左傳湣公名周是史官記不同也說苑是時孔子當阨作是孔子嘗阨吾聞觀近臣以其所爲主觀遠臣以其所主若孔子主癰疽與侍人瘠環何以爲孔子說苑至公篇吾聞下所爲下各有之字若作如末有乎字鹽鐵論大論篇引觀近臣二句臣下各有者字若孔子以下作使聖人僞容苟合不論行擇友則何以爲孔子也文選王粲贈文叔良詩注引吾聞下亦有之字

萬章問曰或曰百里奚自鬻於秦養牲者五羊之皮食牛以要秦繆公信乎朱曰百里奚虞之賢臣人言其自賣於秦養牲者之家得五羊之皮而爲之食牛因以干秦穆公也孫曰食音嗣繆音穆秦策趙良曰五羖大夫荊之鄙人也聞穆公之賢而願望見行而無資自鬻於秦被褐食牛穆公知之舉之牛口之下而加之百姓之上呂覽慎人篇曰百里奚飯牛於秦傳鬻以五羊之皮韓詩外傳曰百里奚自賣五羊皮爲一軛車入秦說苑臣術篇曰賣人買百里奚以五羖

所引證佐亦止不諫虞一事以下反覆推勘以盡其意溪徑一新

轉折處純以氣行

羊之皮皆言百里奚自鬻以要君之事孟子曰否不然好事者爲之也既曰不字衍文百里奚虞人也晉人以垂棘之璧與屈產之乘假道於虞以伐虢宮之奇諫百里奚不諫孫曰屈九勿切乘音剩左傳僖二年晉荀息請以屈產之乘與垂棘之璧假道於虞以伐虢五年晉侯復假道於虞以伐虢宮之奇諫云云杜注曰屈地生良馬垂棘出美玉故以爲名四馬曰乘閻曰杜注虞國在河東大陽縣余謂山西之平陸縣也虢西虢國宏農陝縣東南有虢城余謂河南之陝州也通典慈州文城郡理吉昌縣春秋時晉之屈邑余謂今山西吉州是垂棘又見成五年杜注但云晉地呂覽慎人篇注引孟子曰百里奚虞人也晉人以垂棘之璧假道於虞以伐虢宮之奇諫之百里奚知虞公之不可諫也而去之秦洪亮吉曉讀書齋雜錄曰南史明僧紹傳其先吳太伯之裔百里奚子孟明以名爲姓其後也因悟百里奚與虞公本同大宗知虞公之不可諫而去之秦年已七十矣曾不知以食牛干秦繆公之爲汙也可謂智乎不可諫而不諫可謂不智乎知虞

燕拂翔落意態可觀如鶻翻雲際

此章本文當自伯夷聖之清者也句起前四段於本書中皆爲重出乃後人採取孟子他篇之文拉雜錄之冠於此章之首蓋欲以明清任和時之義實則割截壅離詞意不貫一望知非本書元有之文也如思與鄉人處其自任以天下之重也等句皆破碎失其本義何事非君亦非伊尹之言此皆其錯謬

公之將亡而先去之不可謂不智也時舉於秦知繆公之可與有行也而相之可謂不智乎相秦而顯其君於天下可傳於後世不賢而能之乎自鬻以成其君鄉黨自好者不爲而謂賢者爲之乎自鬻以成其君成猶要也詩擇兮倡予要女毛傳曰要成也呂覽簡選篇以要甲子之事於牧野高誘注曰要成也是成要義同自好謂自愛其身者

孟子曰伯夷目不視惡色耳不聽惡聲非其君不事非其民不使治則進亂則退橫政之所出橫民之所止不忍居也思與鄉人處如以朝衣朝冠坐於塗炭也當紂之時居北海之濱以待天下之清也故聞伯夷之風者頑夫廉懦夫有立志趙曰頑貪之夫更思廉絜懦弱之人更思有立義之志也孫曰橫丁胡孟切橫民橫或作總今案韓詩外傳漢書王貢兩龔鮑傳序後漢書王龔傳丁鴻傳論列女傳李賢注引並

之顯見者此章專論孔子聖功不過借伯夷諸人作緣起耳非軒輊諸聖行義何必一一歷數之乎

作貪夫廉漢書陳平傳頑頓者利注引如淳曰頑頓謂無廉隅也故頑與貪義通伊尹曰何事非君何使非民治亦進亂亦進曰天之生斯民也使先知覺後知使先覺覺後覺予天民之先覺者也予將以此道覺此民也思天下之民匹夫匹婦有不與被堯舜之澤者若己推而內之溝中其自任以天下之重也孫曰與音預柳下惠不羞汙君不辭小官進不隱賢必以其道遺佚而不怨阨窮而不憫與鄉人處由由然不忍去也爾爲爾我爲我雖袒裼裸裎於我側爾焉能浼我哉故聞柳下惠之風者鄙夫寬薄夫敦趙曰鄙狹者更寬優薄淺者更深厚今案韓詩外傳由由作愉愉敦作厚孔子之去齊接淅而行去魯曰遲遲吾行也去父母國之道也可以速而速可以久而久可以

贊歎聖德義蘊閎深詞采懿美真得揄揚之極致

處而處可以仕而仕孔子也阮曰石經遲作滰今案說文曰滰浚乾漬米也孟子曰孔子去齊滰淅而行又曰淅汰米也蓋滰與接一聲之轉故通假言方漬汰其米為炊因去之速故不及炊也

孟子曰伯夷聖之清者也伊尹聖之任者也柳下惠聖之和者也孔子聖之時者也書湯誥疏引聖字下各有人字韓詩外傳同而時作中

孔子之謂集大成集大成也者金聲而玉振之也金聲也者始條理也玉振之也者終條理也始條理者智之事也終條理者聖之事也朱曰此言孔子集三聖之事而為一大聖之事猶作樂者集眾音之小成而為一大成也成者樂之一終書所謂簫韶九成是也金鍾屬聲宣也如聲罪致討之聲玉磬也振收也如振河海而不洩之振條理猶言脈絡指眾音而言也蓋樂有八音金石絲竹匏土革木若獨奏一音則其一音自為始終而為一小成猶三子之偏於一也並奏八音則於其未作而先擊鎛鍾以宣其聲俟其既闋而後擊特磬以收其韻宜以始之收以終之二者之間脈絡貫通無所不備則合眾小成而為

別出一意作收尤妙遠不盡

此典制文字存錄廢墜以見先王致治之大體文亦典重渾樸

一大成猶孔子之知無不盡而德無不全也孫曰始條理本亦作治條理智譬則巧也聖譬則力也由射於百步之外也其至爾力也其中非爾力也孫曰中張仲切今案此復以射喻智聖之義蓋三子力巧兼備故能至能中亦不失為聖人特不能如孔子之集大成耳孔子之聖以樂為喻三子之聖以射為喻射者必志於鵠猶有心於其間以喻三子之但能為清為任為和而不能為時非謂力有餘而巧不足也

北宮錡問曰周室班爵祿也如之何趙曰北宮錡衛人班列也孫曰錡魚綺切孟子曰其詳不可得聞也諸侯惡其害己也而皆去其籍然而軻也嘗聞其略也朱曰當時諸侯兼并僭竊故惡周制防害己之所為也孫曰惡烏路切天子一位公一位侯一位伯一位子男同一位凡五等也君一位卿一位大夫一位上士一位中士一位下士一位凡六等朱曰此班爵之制也五等通於天下六等施於國中天子

之制地方千里公侯皆方百里伯七十里子男五十里凡四等不能五十里不達於天子附於諸侯曰附庸朱曰此以下班祿之制也不能猶不足也不足五十里者不能自達於天子因大國以姓名通謂之附庸阮曰考文古本皆下有地字天子之卿受地視侯大夫受地視伯元士受地視子男趙曰視比也大國地方百里君十卿祿卿祿四大夫大夫倍上士上士倍中士中士倍下士下士與庶人在官者同祿祿足以代其耕也趙曰公侯之國爲大國卿祿居於君祿十分之一也大夫祿居於卿祿四分之一也上士之祿居大夫祿二分之一也中士下士轉相倍庶人在官者未命爲士者也其祿比上農夫士不得耕以祿代耕也焦曰尊士旅食于門西注云旅衆也士衆食謂未得正祿者所謂庶人在官者也王制云司馬論進士之賢者以告於王而定其論論定後官之任官然後爵之位定然後祿之蓋上士中士下士此正爵也下士食九人以上此正祿也學校之上升於司馬隸於司士論定後官而未得

正爵正祿者則羣食於公謂之旅食檀弓所謂仕而未有祿者司士職所謂以久奠食卽此但未得正爵故謂之庶人在官者非謂府史胥徒也今案尊士旅食見儀禮燕禮次國地方七十里君十卿祿卿祿三大夫大夫倍上士上士倍中士中士倍下士下士與庶人在官者同祿祿足以代其耕也趙曰伯爲次國大夫祿居卿祿三分之一也小國地方五十里君十卿祿卿祿二大夫大夫倍上士上士倍中士中士倍下士下士與庶人在官者同祿祿足以代其耕也趙曰子男爲小國大夫祿居卿祿二分之一也耕者之所獲一夫百畝百畝之糞上農夫食九人上次食八人中食七人中次食六人下食五人庶人在官者其祿以是爲差趙曰獲得也一夫一婦佃田百畝百畝之田加之以糞是爲上農夫其所得穀足以食九口庶人在官者食祿之等差由農夫有上中下之次亦有此五等朱曰此章之說與周禮王制不同

章止問友以下皆孟子推衍而出意旨所在於隱約吞吐間見之

如有獻子之家而又賢則豈必不友之乎特借以寓慨耳

蓋不可考闕之可也趙佑曰自當以孟子爲正不必與周禮規規求合也翟曰王制乃漢文勅令博士諸生採集傳記斟酌損益以成其篇制爵祿節明採自孟子其不同者正博士之所損益何可轉據之以議孟子乎

萬章問曰敢問友孟子曰不挾長不挾貴不挾兄弟而友友也者友其德也不可以有挾也趙曰兄弟有富貴者孫曰挾音協長張丈切今案楚辭天問注曰挾持也此謂挾其所有而自負之意孟獻子百乘之家也有友五人焉樂正裘牧仲其三人則予忘之矣獻子之與此五人者友也無獻子之家者也此五人者亦有獻子之家則不與之友矣趙曰獻子魯卿孟氏也俞曰無獻子之家謂五人無獻子之富貴以下反復申明見獻子所友皆寒素之士也焦曰晉語趙簡子曰魯孟獻子有鬬臣五人注云鬬臣扞難之士未知即此五人否漢書古今人表孟獻子樂正裘牧中並居第四等是以其德同也今案人表裘作求

非惟百乘之家爲然也雖小國之君亦有之費惠公曰

以脫卸爲章法

別有感嘅即不可虛拘之旨也而意特溫婉不露

吾於子思則師之矣吾於顏般則友之矣王順長息則事我者也顧炎武曰左傳僖公元年公賜季友汶陽之田及費齊乘費城在費縣西北二十里魯季氏邑惠公疑即季氏之後而僭稱公者楚人對頃襄王有鄒費郯邳殆所謂泗上十二諸侯者邪閻曰呂氏春秋言以滕費則勞以鄒魯則逸說苑言魯人攻鄪曾子辭於鄪君魯世家言悼公時三桓勝魯如小侯卑於三桓之家六國表並同則季氏以私邑費爲國號無疑俞曰魯有兩費季氏之費今山東沂州府費縣是也若隱元年傳費伯帥師城郎此又一費今沂州府魚臺縣西南有費亭是其地也蓋費伯以公孫別封於費與鄅郜諸國並爲魯附庸也此說與顧閻不同姑存以俟考焦曰漢書古今人表費惠公顏敢王愼長息同列第四等敢般形近而譌順愼字通今案顧引楚人對頃襄王見史記楚世家閻引呂覽見愼勢篇說苑見尊賢篇非惟小國之君爲然也雖大國之君亦有之晉平公之於亥唐也入云則入坐云則坐食云則食雖疏食菜羹未嘗不飽蓋不敢不飽也然終於此而已矣弗與共天位

士之尊賢也二句略拍正意旋即咽止

章法變換凡數排文字末必變換此亦定法也此亦詠詭之旨猶言好德如好色耳朱注云貴貴尊賢皆事之宜者然當時但知貴貴而不知

也弗與治天職也弗與食天祿也士之尊賢者也非王公之尊賢也趙曰亥唐晉賢人也平公嘗往造之亥唐言入平公乃入言坐乃坐言食乃食也疏食糲食也不敢不飽敬賢也位職祿皆天之所以授賢者而平公不與亥唐共之而但卑身下之是乃匹夫尊賢之禮耳王公尊賢當與共天職也焦曰抱朴子逸民篇亥唐一作期唐亥之爲期猶箕之爲荄也惠棟左傳補注曰韓非子言晉平公於唐亥云云或孟子傳寫倒其名氏也今案今韓非子無此文太平御覽人事部腓脹類引韓子曰晉平公與唐亥坐云云此惠所據而足類又引作唐彦疑傳寫之誤阮曰晉平公於亥唐也廖本閩本同監毛二本孔本韓本於上有之字又曰非王公尊賢也石經廖本閩本同監毛本孔本韓本尊上有之字舜尚見帝帝館甥于貳室亦饗舜迭爲賓主是天子而友匹夫也趙曰貳室副宮也禮謂妻父曰外舅謂我舅者吾謂之甥堯以女妻舜故謂舜甥爾雅廣詁曰迭更也孫曰迭徒結切張云或作佚誤矣辟量曰尚初也猶尚古之尚言舜初見帝堯之時也用下敬上謂之貴貴用上敬下謂之尊賢貴貴尊賢其義

尊賢故曰其義一也此
數語最足發明孟子微
意

文曲而醒此等最可味

孔子句擲筆天外籠罩
後文在有意無意之閒

一也。朱曰貴貴尊賢皆事之宜者然當時但知貴貴而不知尊賢故孟子曰其義一也

萬章問曰敢問交際何心也趙曰際接也朱曰交際謂人以禮儀幣帛相交接也翟曰宋石經章下無問字孟子曰恭也曰卻之卻之爲不恭何哉吳辟畺曰疊言卻之似無意義當衍一郤字郤之爲不恭蓋古人習用之語故章引以爲問也趙注不釋疊言之義或其時尚未衍此字歟曰尊者賜之曰其所取之者義乎不義乎而後受之以是爲不恭故弗卻也曰其所以取之者曰心計之以辭下曰其取諸民之不義也之曰字同曰請無以辭卻之以心卻之曰其取諸民之不義也而以他辭無受不可乎曰其交也以道其接也以禮斯孔子受之矣焦曰以道謂所賜有名如餽贐聞戒以禮謂儀及其物

萬章曰今有禦人於國門之外者其交也以道其餽也以禮斯可受禦與趙曰禦人以兵禦人而奪之貨如是而以禮道來交接己斯可受乎焦曰

受禦謂受此所禦得之貨曰不可康誥曰殺越人于貨閔不畏死凡民往不譈是不待教而誅者也殷受夏周受殷所不辭也於今為烈如之何其受之趙曰康誥尚書篇名譈殺也凡民無不得殺之者也若此之惡不待君之教命遣人則討之三代相傳以此法不須辭問也孫曰譈徒對切吳先生尚書故曰越讀緇衣無越厥命之越鄭注越之言蹷也史記孫吳傳蹷上將軍索隱蹷猶斃也詩箋于取也殺越人于貨者殺斃人取貨也昬不畏死段玉裁云說文昬冒也孟子作閔同人部假借趙訓譈為殺者廣雅譈辠也莊子司馬彪本敦憝注敦斷也皆譈可訓殺之證譈憝同吳辟畺曰孟子言不待教而誅以誅釋譈以今文釋古義也古人引經典凡有難解之字義往往隨手訓釋之我獨賢勞以勞訓賢其例亦猶此也焦曰晉語注云烈明也謂此不待教而誅之法三代傳之至今猶明顯也曰今之諸侯取之於民也猶禦也苟善其禮際矣斯君子受之敢問何說也曰子以為有王者作將比今之諸侯而誅之乎其教之不改而後

充類句話未說盡以下省去許多閒文蓋大義已明可以意會便不必再說此古人文法高古處後人不解此繁稱博引皆古人唾弃之言耳

誅之乎。夫謂非其有而取之者盜也。充類至義之盡也。朱曰比連也謂非有而取爲盜者乃推其類至於義之至精至密之處而極言之耳非便以爲真盜也孫曰比丁毗失切猶言比屋而誅也亦毗志切孔子之仕於魯也。魯人獵較。孔子亦獵較。獵較猶可。而況受其賜乎。趙曰獵較者田獵相較奪禽獸得之以祭孔子不違而從之所以小同於世也孫曰較丁張並音角張爾岐蒿菴閒話曰古人田獵既畢擇取三等中殺者每等得十以充君庖其餘則與士衆習射於射宮射而中田不得禽則得禽田得禽而射不中則不得禽蓋田時各奮武勇及既獲則公之辭讓而後取也獵較者不復書射唯以所獲之多少爲所取之多少當其獵時自互相攫奪此亦古法變壞之一端然皆用以祭其祖先殊無大過曰然則孔子之仕也。非事道與。曰事道也。焦曰韓非子喻老篇云事爲也禮記檀弓注云爲猶行也行事爲三字義同事道卽行道也事道奚獵較也。朱曰萬章問也曰孔子先薄正祭器。不以四方之食供薄正。趙曰孟子曰孔子仕於衰世不可卒暴改戾故以漸正之

意亦以孔子自證

此必孟子於諸侯有所受取而章疑之而自解說之辭故前引孔子以爲證而復以公養之仕結之行可際可皆敷佐耳正意曾不一露所以爲高

先爲簿書以正其宗廟祭祀之器即其舊禮取備於國中不以四方珍食供其所簿正之器度其珍食難常有之絕則爲不敬故獵較以祭也孫曰簿丁步古切本多作薄誤今案薄乃後出字古止作簿非誤也焦曰正祭器是一事禁獵較又是一事二者相度正則祭器不可不正故先正之不以四方難得之食供簿正恐其乏絕不敬則獵較尚不爲無說故姑容之此聖人權衡之當而先正漸正之宜也

曰：「奚不去也？」曰：「爲之兆也。兆足以行矣，而不行，而後去，是以未嘗有所終三年淹也。

朱曰兆猶卜之兆蓋事之端也孔子所以不去者亦欲小試行道之端以示於人若其端既可行而人不能遂行之然後去蓋其去雖不輕而亦未嘗不決是以未嘗終三年留於一國也

孔子有見行可之仕，有際可之仕，有公養之仕。於季桓子，見行可之仕也；於衛靈公，際可之仕也；於衛孝公，公養之仕也。」

朱曰見行可見其道之可行也際可接遇以禮也公養國君養賢之禮也孝公春秋史記皆無之疑出公輒也翟曰檀弓正義謂衛輒拒父而公羊以爲孝子後儒之論且然則當時臣下之諂以掩非想自有之

正意止立朝一句全篇皆憑空翻跌之詞煙雲繚繞紓徐不迫

矣趙佑曰諡法解無出孝公卽出公輒無疑出公者特出奔在外之稱及返國卒諡爲孝史不備耳焦曰史記孔子世家云定公十四年孔子由大司寇攝行相事公羊定公十年傳云孔子行乎季孫三月不違故云於季桓子見行可之仕也周柄中曰史記孔子在衛衛靈公致粟六萬此固公養之實據然以其接遇有禮故曰際可之仕出公時孔子又嘗過衛大約其致粟仍襲靈公之舊而禮遇不深故第爲公養之仕耳

孟子曰仕非爲貧也而有時乎爲貧娶妻非爲養也而有時乎爲養趙曰仕本爲行道濟民也而有以居貧親老而仕者娶妻本爲繼嗣也而有以親執釜竈不擇妻而娶者孫曰養餘亮切列女傳賢明篇曰家貧親老不擇官而仕親操井臼不擇妻而娶爲貧者辭尊居卑辭富居貧趙曰爲貧之仕當讓高顯之位無求重祿辭尊居卑辭富居貧惡乎宜乎抱關擊柝趙曰抱關監門之職也柝行夜所擊木也傳曰魯擊柝聞於邾　今案見左傳哀公七年孔子嘗爲委吏矣曰會計當而已矣嘗爲乘田矣曰牛羊茁壯長而已矣趙曰孔子嘗以貧而祿仕

前以娶妻為親後以位卑言高為親所謂氣不孤行也

委吏主委積倉庾之吏也不失會計當直其多少而已乘田苑囿之吏也主六畜之芻牧者也牛羊茁壯肥好長大而已茁生長貌也孫曰會古外切乘音剩茁阻刮切長張丈切史記孔子世家曰嘗為季氏史料量平嘗為司職吏而畜蕃息索隱曰季氏史有本作委吏今案司職吏之職與周禮職人同皆職之借字即乘田也

位卑而言高罪也立乎人之本朝而道不行恥也朱曰以出位為罪則無行道之責以廢道為恥則非竊祿之官此為貧者之所以必辭尊富而寧處貧賤也王引之經義述聞曰朝廷者一國之本故曰本朝漢書李尋傳秦策大戴保傅篇管子重令篇晏子諫篇荀子仲尼篇儒效篇呂氏春秋音律篇皆謂朝廷為本朝

萬章曰士之不託諸侯何也趙曰託寄也謂若寄公食祿於所託之國也孟子曰不敢也諸侯失國而後託於諸侯禮也士之託於諸侯非禮也趙曰謂士非諸侯敵體故不敢比失國諸侯得為寄公也萬章曰君餽之粟則受之乎曰受之受之何義也曰君之於氓也固

擲筆空際承上起下感喟無窮

周之。周與賙通周禮鄉師注引鄭司農曰賙讀爲周急之周曰周之則受賜之則不受何也曰不敢也曰敢問其不敢何也曰抱關擊柝者皆有常職以食於上無上職而賜於上者以爲不恭也。焦曰不仕而受其祿卽是以士而託於諸侯不恭卽非禮也曰君餽之則受之不識可常繼乎曰繆公之於子思也亟問亟餽鼎肉子思不悅於卒也摽使者出諸大門之外北面稽首再拜而不受曰今而後知君之犬馬畜伋蓋自是臺無餽也悅賢不能舉又不能養也可謂悅賢乎趙曰魯繆公時尊禮子思數問數餽鼎肉子思以君命煩故不悅也於卒者末後復來時也摽麾也犬馬畜伋責君之不優以不煩而但數與之食物若養犬馬臺賤官主使令者傳曰僕臣臺朱曰蓋繆公愧悟自此不復令臺來致餽也孫曰繆音穆亟去吏切摽音杓又音拋使所吏切今案僕臣臺見左傳昭七年曰敢問國君欲養君子如

注意在舉加上位一句與上悅賢不能舉相應此鱗爪之一露也其他皆烟雲耳

此章極捭闔變化之致精神馳驟縱蕩不可捉摸最是上乘文字且君之欲見之也何爲也哉

何斯可謂養矣曰以君命將之再拜稽首而受其後廩人繼粟庖人繼肉不以君命將之子思以爲鼎肉使己僕僕爾亟拜也非養君子之道也趙曰僕僕煩猥貌爾雅釋言曰將送也胡匡衷侯國官制考曰周禮廩人下大夫二人據少牢大夫有廩人則諸侯當亦有之國語云敵國賓至廩人致餼是也禮記祭統云胞者肉吏之賤者也詩箋兮疏云胞卽周禮庖人堯之於舜也使其子九男事之二女女焉百官牛羊倉廩備以養舜於畎畝之中後舉而加諸上位故曰王公之尊賢者也孫曰二女女焉張云上如字下去聲

萬章曰敢問不見諸侯何義也孟子曰在國曰市井之臣在野曰草莽之臣皆謂庶人庶人不傳質爲臣不敢見於諸侯禮也趙曰在國謂都邑民會於市故曰市井之臣在野野居之人曰草莽之臣莽亦

一問所謂力爭上游破空而來閒出絕大議論爲其多聞也五句義理充足子思不悅以下推子思之意以明之曉暢警醒取非其招不往也虛際拍合神理極妙接問招虞人何以愈拓愈遠使局勢開展文情蕩漾以士之招招虞人於陋路中加襯一句文氣淵厚仍是墊筆況乎一語到題精神勃發勢如天外飛來欲見賢人二語設喻斂妙夫義路也以下詞雖連屬義已脫卸引詩四語含毫遡然蓄意深遠末別出一義引孔子以明之理亦透澈此與陳代章不同彼多就士說此多就君說也

草也孫曰贄丁讀如贄今案贄贄摯並通禮記曲禮曰庶人之摯匹鄭注曰說者以匹爲鶩焦曰士相見之禮執贄請見必由將命者傳之故謂之傳贄萬章曰庶人召之役則往役君欲見之召之則不往見之何也曰往役義也往見不義也趙曰庶人法當給役故往役義也庶人非臣也不當見君故往見不義也且君之欲見之也何爲也哉曰爲其多聞也爲其賢也曰爲其多聞也則天子不召師而況諸侯乎爲其賢也則吾未聞欲見賢而召之也繆公亟見於子思曰古千乘之國以友士何如子思不悅曰古之人有言曰事之云乎豈曰友之云乎子思之不悅也豈不曰以位則子君也我臣也何敢與君友也以德則子事我者也奚可以與我友千乘之君求與之友而不可得也而況可召與朱曰孟子引子思之言而釋之

以明不可召之義齊景公田招虞人以旌不至將殺之志士不忘在溝壑勇士不忘喪其元孔子奚取焉取非其招不往也阮曰石經焉下有哉字無其字曰敢問招虞人何以曰以皮冠庶人以旃士以旂大夫以旌周禮春官司常曰交龍為旂通帛為旃析羽為旌鄭注曰通帛謂大赤從周正色無飾析羽五采繫之於旞旌之上所謂注旄於干首也爾雅釋天曰注旄首曰旌有鈴曰旂因章曰旃陳祥道曰孤卿建旃庶人孤卿之所治者也故招以旃諸侯建旂士君之所禮也故招以旂斿車載旌大夫從游燕之樂者也故招以旌以大夫之招招虞人虞人死不敢往以士之招招庶人庶人豈敢往哉況乎以不賢人之招招賢人乎朱曰欲見而召之是不賢人之招也欲見賢人而不以其道猶欲其入而閉之門也夫義路也禮門也惟君子能由是路出入是門也詩云周道如底其直如矢君子所履

此見聖賢學力器量起得無端而來以友天下之善士為未足頓挫頌詩四句忽作詰難之詞橫亘篇中勢甚夭矯用逆之妙是尚友也四字收束有千鈞之力尚友二字過結全篇自首章舜號泣于天至此皆尚友也

小人所視趙曰詩小雅大東之篇底平矢直視比也比而則之也焦曰廣雅釋詁云視效也效即法法即則也阮曰底當作厎說文厎柔石也从厂氏聲今毛詩作砥孟子作厎正是一字今案墨子兼愛下引周詩曰王道蕩蕩不偏不黨王道平平不黨不偏其直若矢其易若厎君子之所履小人之所視與今毛詩及孟子所引均異荀子宥坐篇引厎作砥同毛詩

萬章問曰孔子君命召不俟駕而行然則孔子非與曰孔子當仕有官職而以其官召之也

孟子謂萬章曰一鄉之善士斯友一鄉之善士一國之善士斯友一國之善士天下之善士斯友天下之善士以友天下之善士為未足又尚論古之人頌其詩讀其書不知其人可乎是以論其世也是尚友也趙曰尚上也周禮春官太師注曰頌之言誦也尚上頌誦字各通假困學紀聞曰尸子引孔子曰誦詩讀書與古人居金樓子曰曾

特言卿有兩等耳而筆勢抑揚遂覺意味不盡精神全在易位一語如迅雷爍電震而驚之全篇體勢爲之一振孟子嘗爲齊卿淳于髡亦言夫子在三卿之中此必爲卿時所問足見事君風骨峻厲之槪
有前文襯筆乃見此去甚重聽不聽之所關甚大啓沃之切莫善於此

生謂誦詩讀書與古人居讀書誦詩與古人期孟子頌其詩云云亦有所本

齊宣王問卿。孟子曰。王何卿之問也。王曰。卿不同乎。曰。不同。有貴戚之卿。有異姓之卿。王曰。請問貴戚之卿。曰。君有大過則諫。反覆之而不聽。則易位。朱曰大過謂足以亡其國者易位易君之位更立親戚之賢者蓋與君有親親之恩無可去之義以宗廟爲重不忍坐視其亡故不得已而至於此也

王勃然變乎色。勃同怫詩白華釋文引韓詩視我怫怫云意不悅好也

曰。王勿異也。王問臣。臣不敢不以正對。王色定。然後請問異姓之卿。曰。君有過則諫。反覆之而不聽。則去。朱曰君臣義合不合則去

先大夫曰此篇極論心性矯世厲俗而以動忍終之

此下五章皆以辨難見長蓋孟子理解明徹又洞達萬事萬物之情故隨在皆有精義文勢亦因之奇變矯天極恣肆之觀不獨衛道有功也

告子論性始終持無善無不善之說未嘗少變此章以杞柳喻性蓋謂性本無善惡猶杞柳本非桮棬其爲仁爲義皆後起之事而非所固有初不悟杞柳之必戕賊乃得爲桮棬也故孟子即以此折之若告子本言性惡則反不足以相折矣其文字妙境亦全在此朱子乃全未悟趙

孟子文法讀本卷第六

霸縣高步瀛集解
桐城吳闓生評點

告子

告子曰性猶杞柳也義猶桮棬也以人性爲仁義猶以杞柳爲桮棬趙曰告子以人性爲才幹義爲成器猶以杞柳之木爲桮棬也杞柳柜柳也孫曰桮音杯棬丘圓切張云屈木爲之也丁云方言曰海岱之間謂盌爲棬禮記玉藻杯圈不能飲焉注曰圈屈木所爲謂卮匜之屬吳辟疆曰告子論性始終主無善無不善之說凡所發議皆本此旨說者謂此爲性惡說非也

孟子曰子能順杞柳之性而以爲桮棬乎將戕賊杞柳而後以爲桮棬也趙曰戕猶殘也孫曰戕音牆今案也讀邪古字通用如將戕賊杞柳而以爲桮棬則亦將戕賊人以爲仁義與孫曰與音餘率天下之人而禍仁義者必子之言夫朱曰言如此則天下之人皆以仁義爲害性而不肯爲是因子之言而爲仁義之禍也夫音扶

注云告子以人性爲才幹義爲成器通其意矣告子說雖未精然自持之成理朱子乃謂其屢絀屢變此大誤處古今論理之家烏有屢變宗旨而可以成一學說者哉

閻捷賀亮

告子曰性猶湍水也決諸東方則東流決諸西方則西流人性之無分於善不善也猶水之無分於東西也趙曰湍者圜也謂湍湍潒水也告子以喻人性善惡隨物而化無本善不善之性也孫曰湍他端切吳辟畺曰此仍前章之意而但變其詞耳孟子曰水信無分於東西無分於上下乎人性之善也猶水之就下也人無有不善水無有不下今夫水搏而躍之可使過顙激而行之可使在山是豈水之性哉其勢則然也人之可使爲不善其性亦猶是也趙曰躍跳顙額也孫搏而作搏之曰張補各切云以手擊水丁作摶音團

告子曰生之謂性俞曰白虎通性情篇曰性者生也禮記樂記篇鄭注曰性之言生也性與生古字通用生之謂性猶云性之謂性意謂但當就性言性其善不善非性中所有不必論也故孟子以白之謂白破之孟子曰生之謂性也猶白之謂白與曰然孫曰與音餘下

前文兩難專爲末句作勢人之異於禽獸正以其性善耳故犬馬牛羊終不可施以人之教育也今西域宗教家謂禽獸無靈魂說與此相近此亦前文之恉食色有善有不善皆出於性然則性固無分于善不善也

同白羽之白也猶白雪之白白雪之白猶白玉之白與

曰然孟子再問而告子答也文選雪賦注引劉熙注曰孟子以爲白羽之白性輕白雪之白性消白玉之白性堅雖俱白其性不同所引經文猶白雪猶白玉二句末均有也歟字孫亦出也與字蓋古本與上有也字也

然則犬之性猶牛之性牛之性猶人之性與

告子曰食色性也仁內也非外也義外也非內也趙曰人之甘食悅色者性也仁由內出義在外也不從己身出也翟曰管子戒篇仁從中出義從外作墨子經說下篇其爲仁內也義外也舉愛與所利也又公孟篇二三子曰告子言義而行甚惡請棄之墨子曰不可告子言談甚辨言仁義而不吾毀云云趙氏云告子兼治儒墨非僅泛度而言

孟子曰何以謂仁內義外也此也字亦讀爲邪

曰彼長而我長之非有長於我也猶彼白而我白之從其白於外也故謂之外也孫曰長張丈切下同

曰異於白馬之白也無以異於白人之白也不識長馬

夫物則亦有然者也言炙之可耆彼亦必有其故在也而耆炙之心終不能謂之在外耳此處解者多誤毛大可尤妄辨之

之長也無以異於長人之長與且謂長者義乎長之者義乎朱註引張氏曰上異於二字疑衍朱曰白馬白人不異而長馬長人不同是乃所謂義也義不在彼之長而在我長之之心則義之非外明矣曰吾弟則愛之秦人之弟則不愛也是以我為悅者也故謂之內長楚人之長亦長吾之長是以長為悅者也故謂之外也朱曰言愛主於我故仁在內敬主於長故義在外曰耆秦人之炙無以異於耆吾炙夫物則亦有然者也然則耆炙亦有外與朱曰言長之耆之皆出於心也孫曰耆音嗜本亦作嗜炙之夜切

孟季子問公都子曰何以謂義內也趙曰季子亦以為義外也翟曰趙注未有孟字而疏直以季任當之知當時所據經文實未有孟字今案孟字疑後人所加疏以季子為季任雖出武斷然必非孟仲子之弟可知也曰行吾敬故謂之內也趙曰以敬在心而行之故

言內鄉人長於伯兄一歲則誰敬曰敬兄酌則誰先曰先酌鄉人所敬在此所長在彼果在外非由內也朱曰伯長也酌酌酒也此皆季子問公都子答而季子又言如此則敬長之心果不由中出也公都子不能答以告孟子孟子曰敬叔父乎敬弟乎彼將曰敬叔父曰弟爲尸則誰敬彼將曰敬弟子曰惡在其敬叔父也彼將曰在位故也子亦曰在位故也庸敬在兄斯須之敬在鄉人趙曰孟子使公都子答季子如此言弟以在尸位故敬之鄉人在賓位故先酌之耳庸常也禮記郊特牲曰尸神象也儀禮士虞禮注曰尸主也孝子之祭不見親之形像心無所繫立尸而主意焉禮記樂記注曰斯須猶須臾也季子聞之曰敬叔父則敬敬弟則敬果在外非由內也公都子曰冬日則飲湯夏日則飲水然則飲食亦在外也朱曰此亦上章耆炙之意今案在外也之也讀爲邪

此五句斷制最精乃若其情情猶言情實耳下

公都子曰告子曰性無善無不善也或曰性可以爲善可以爲不善是故文武興則民好善幽厲興則民好暴孫曰好呼報切鹽鐵論大論篇曰文王興而民好善幽厲興而民好暴或曰有性善有性不善是故以堯爲君而有象以瞽瞍爲父而有舜以紂爲兄之子且以爲君而有微子啓王子比干孔廣森曰論衡本性篇云周人世碩以爲人性有善有惡舉人之善性養而致之則善長惡性養而致之則惡長故世子作養書一篇宓子賤漆雕開公孫尼子之徒亦論性情與世子相出入按公都子此問即其說也陸象山與周元忠書曰按史記微子是紂庶兄皆帝乙之子也比干則但云紂之親戚孟子所載與史記不同顧炎武曰以紂爲弟且以爲君而有微子啓以紂爲兄之子且以爲君而有王子比干並言之則於文有所不便故舉此以該彼此古人文章之善今案顧氏說最通金履祥孟子集註考證以兄字當作乙謂帝乙俞氏以兄之子當作兄弟皆非也今曰性善然則彼皆非與孟子曰乃若其情則可以

又云非才之罪情也才也皆謂性也牛山章亦同

八句最親切有味皆從體驗得來

爲善矣乃所謂善也朱曰乃若發語詞荀子正名篇曰生之所以然者謂之性性之好惡喜怒哀樂謂之情若夫爲不善非才之罪也朱曰才猶材質今案謂性質也莊子列禦寇篇必且有感搖而本才釋文曰一本才作性惻隱之心人皆有之羞惡之心人皆有之恭敬之心人皆有之是非之心人皆有之惻隱之心仁也羞惡之心義也恭敬之心禮也是非之心智也仁義禮智非由外鑠我也我固有之也弗思耳矣故曰求則得之舍則失之或相倍蓰而無算者不能盡其才者也孫曰舍音捨說文曰鑠銷金也算數也詩曰天生蒸民有物有則民之秉夷好是懿德孔子曰爲此詩者其知道乎故有物必有則民之秉夷也故好是懿德趙曰詩大雅蒸民之篇朱曰則法也有物必有法如有耳目則有聰明之德有父子則有慈孝之心是民之所秉執之常性也今案毛詩

此章推勘入微詳委懇到足以振衰起懦文亦反覆不窮

故凡三句提振警醒聖人與我同類者句有神

蒸作烝夷作彝傳曰烝衆物事則法彝常懿美也箋曰秉執也韓詩外傳引詩作蒸與孟子同阮曰秉彝閩本同石經作夷監本毛本孔本韓本考文古本足利本同石經

孟子曰富歲子弟多賴凶歲子弟多暴非天之降才爾殊也其所以陷溺其心者然也趙曰富歲豐年也凶歲饑饉也賴善暴惡也

今夫麰麥播種而耰之其地同樹之時又同浡然而生至於日至之時皆熟矣雖有不同則地有肥磽雨露之養人事之不齊也趙曰麰麥大麥也磽薄也孫曰麰音牟耰音憂浡音勃磽苦交切詩思文篇貽我來牟疏引孟子曰牟麥播種而耰之釋文曰牟字書作麰或作𪍿孟子曰𪍿大麥也說文曰櫌摩田器也論語曰櫌而不輟段玉裁曰五經文字曰經典及釋文皆作耰鄭曰耰覆種也與許合孔廣森曰日至之時謂仲夏日至管子輕重乙曰九月種麥日至而穫輕重己曰以春日至始數九十二日謂之夏至而麥熟今案雨露之養齊民要術引養上有所字

故凡同類者舉相似也何獨至於

爽以下又開

人而疑之聖人與我同類者朱曰聖人亦人耳其性之善無不同也故龍子曰不知足而爲屨我知其不爲蕢也屨之相似天下之足同也趙曰蕢草器也朱曰不知人足之大小而爲之屨雖未必適中然必似足形不至成蕢也口之於味有同耆也易牙先得我口之所耆者也如使口之於味也其性與人殊若犬馬之與我不同類也則天下何耆皆從易牙之於味也至於味天下期於易牙是天下之口相似也左傳僖十年雍巫薦羞於公注曰雍巫卽易才今案古書言味多稱易牙蓋知味者之通名不必定爲齊之易牙也吳辟畺曰期猶齊也期齊聲義並近惟耳亦然至於聲天下期於師曠是天下之耳相似也荀子大略篇曰天下之人雖各持意哉然而有共予也言味者予易牙言音者予師曠惟目亦然至於子都天下莫不知其姣也不知子都之姣者無目者也趙曰子都古之

故曰以下以總束爲跌宕問得懇切何獨至於人而疑之至於心獨無所同然乎文法一氣貫注

迴顧前文譬解曲至

祇是明性善之理而忠厚悱惻委曲沈至最足感人

姣好者也詩云不見子都乃見狂且今案鄭風山有扶蘇毛傳曰子都世之美好者也荀子賦篇閭娵子奢陳奧曰子奢即子都都古讀如奢左傳隱十一年杜注曰子都公孫閼然此不必定爲鄭大夫子都也呂覽達鬱篇公姣且麗注曰姣麗皆好貌也故曰口之於味也有同耆焉耳之於聲也有同聽焉目之於色也有同美焉至於心獨無所同然乎心之所同然者何也謂理也義也聖人先得我心之所同然耳故理義之悅我心猶芻豢之悅我口趙曰草食曰芻穀食曰豢禮記月令注曰養牛羊曰芻犬豕曰豢

孟子曰牛山之木嘗美矣以其郊於大國也斧斤伐之可以爲美乎是其日夜之所息雨露之所潤非無萌蘖之生焉牛羊又從而牧之是以若彼濯濯也人見其濯濯也以爲未嘗有材焉此豈山之性也哉趙曰牛山齊之東南山也

邑外謂之郊息長也濯濯無草木之貌閻曰牛山今在臨淄縣南一十里括地志所謂管仲冢與桓公冢連在牛山上是酈道元注牛山一名南郊山梁劉昭引孟子注云南小山曰牛山晉左思齊都賦云牛嶺鎮其南列子齊景公游於牛山北臨其國城正以山實在其南今案列子見力命篇禮記月令注曰芒而直曰萌後漢書虞延傳注曰蘖伐木更生也魯語韋昭注曰以株生曰蘖孫曰蘖五割切雖存乎人者豈無仁義之心哉其所以放其良心者亦猶斧斤之於木也旦旦而伐之可以爲美乎其日夜之所息平旦之氣其好惡與人相近也者幾希則其旦晝之所爲有梏亡之矣梏之反覆則其夜氣不足以存夜氣不足以存則其違禽獸不遠矣人見其禽獸也而以爲未嘗有才焉者是豈人之情也哉趙曰存在也朱曰良心者本然之善心即所謂仁義之心也平旦之氣謂未與物接之時清明之氣也好惡與人相近言得人心之所同然也今案有讀爲又梏趙作牿以牿亂釋之孫

以承爲總

此章轉折尤爲奇縱矯變起句便奇崛不平雖有天下易生之物也一段復用逆筆截斷吾見亦罕矣再逆承首句以下借弈譬喻奇情妙筆一心以爲有鴻鵠句忽生奇想文境亦靈變非

作梏引丁曰言利害之亂其性猶桎梏之刑其身焦曰毛詩小雅何人斯祇攪我心傳云攪亂也詩大雅抑篇曰有覺德行禮記緇衣引作有梏德行是梏與覺古通後漢書馬融傳注云梏諸家並古酷反案字書梏從手卽古文攪字梏牿梏同丁氏以爲桎梏非其義也故苟得其養無物不長苟失其養無物不消朱曰山木人心其理一也孫曰長張丈切孔子曰操則存舍則亡出入無時莫知其鄉惟心之謂與朱曰孟子引孔子之言以明心之神明不測得失之易而保守之難不可頃刻失其養孫曰舍音捨與音餘

孟子曰無或乎王之不智也趙曰王齊王也或怪也朱曰或與惑同雖有天下易生之物也一日暴之十日寒之未有能生者也吾見亦罕矣吾退而寒之者至矣吾如有萌焉何哉趙曰寒之者至謂左右佞諂順意者多譬諸萬物何由得有萌芽生也孫曰易以豉切暴步卜切今案說文暴作㬥從日出廾米會意俗作曝從二日非也今夫弈之爲數小數也不專心致

常爲是其智弗若與二句一問一答收得異常敏妙全是一片化機後世罔能逮者

孟子之於齊宣故有知遇之感篇中屢屢見之所謂王由足用爲善也空靈敏妙不著筆墨痕智字又繳應章首

起段委宛詳盡

一折便入深處

志則不得也弈秋通國之善弈者也使弈秋誨二人弈其一人專心致志惟弈秋之爲聽一人雖聽之一心以爲有鴻鵠將至思援弓繳而射之雖與之俱學弗若之矣爲是其智弗若與曰非然也趙曰弈圍棋數技也孫曰繳音灼射食亦切爲于僞切禮記禮器篇注曰致之言至也說文曰援引也詩女曰雞鳴疏曰以繩繫矢而射鳥謂之繳王引之經傳釋詞曰爲與謂同義言謂是其智弗若也

孟子曰魚我所欲也熊掌亦我所欲也二者不可得兼舍魚而取熊掌者也生亦我所欲也義亦我所欲也二者不可得兼舍生而取義者也孫曰舍音捨生亦我所欲所欲有甚於生者故不爲苟得也死亦我所惡所惡有甚於死者故患有所不辟也如使人之所欲莫甚於生則

曲曲證明見賢哲之舍生取義爲人情之至毫無以異於人

以下跌出本意但覺一片至誠惻怛之衷藹然紙上所謂仁人之言循循善誘者也

就簞豆萬鍾兩面夾寫文情並臻妙絕

萬鍾於我何加焉間得恢詭下更爲推出三事筆情翔舞意態橫絕以

凡可以得生者何不用也使人之所惡莫甚於死者則凡可以辟患者何不爲也孫曰辟音避由是則生而有不用也由是則可以辟患而有不爲也是故所欲有甚於生者所惡有甚於死者非獨賢者有是心也人皆有之賢者能勿喪耳朱曰羞惡之心人皆有之但衆人汨於利欲而忘之惟賢者能存之而不喪耳荀子正名篇曰人之所欲生甚矣人之所惡死甚矣然而人有從生成死者非不欲生而欲死也不可以生而可以死也徐幹中論夭壽篇引傳曰所好有甚於生者所惡有甚於死者一簞食一豆羹得之則生弗得則死嘑爾而與之行道之人弗受蹴爾而與之乞人不屑也趙曰嘑爾猶呼爾咄啐之貌也行道之人道中凡人以其賤己故不肯受也蹴蹋也以足踐蹋與之乞人不絜之孫曰嘑呼故切蹴張取六切或作蹵音同說文曰豆古食肉器也萬鍾則不辨禮義而受之萬鍾於我何加焉爲宮室之美妻

下縱情極意言之有一瀉千里之勢是亦不可以已乎乃承得如此宛轉如馭駿馬下懸厓而罄控縱送備極其妙

人有雞犬三句敘述極沈痛下便截斷不說尤爲嗚咽之音

非疾痛害事四句頓挫

妾之奉所識窮乏者得我與孫辨作辯曰丁本作變云於義當爲辯辯別也與張云平聲今案說文曰辨判也本字正作辨阮曰周易坤釋文由辯荀作變是辯變古字通用焦曰得與德通禮記樂記云德者得也得我即德我也鄉爲身死而不受今爲宮室之美爲之鄉爲身死而不受今爲妻妾之奉爲之鄉爲身死而不受今爲所識窮乏者得我而爲之是亦不可以已乎此之謂失其本心朱曰本心謂羞惡之心孫曰鄉爲丁云並去聲今爲同

孟子曰仁人心也義人路也舍其路而弗由放其心而不知求哀哉人有雞犬放則知求之有放心而不知求韓詩外傳引此下有豈於心爲不若求雞犬哉不知類之甚矣悲夫終亦必亡而已矣數句餘字句亦有小異今不具著蓋古人引書不必泥定本文也學問之道無他求其放心而已矣

孟子曰今有無名之指屈而不信非疾痛害事也如有

指不若人以下忼慨淒厲

此等處非識力透頂不能言之明白酣暢如此使被問者爲之噎冒失氣

前半繁複曲疊文氣已爲樸茂收束尤矯變不測

能信之者則不遠秦楚之路爲指之不若人也趙曰無名之指手之第四指也孫曰信音伸爲去聲指不若人則知惡之心不若人則不知惡此之謂不知類也朱曰不知類言其不知輕重之等也孫曰惡烏路切

孟子曰拱把之桐梓人苟欲生之皆知所以養之者至於身而不知所以養之者豈愛身不若桐梓哉弗思甚也趙曰拱合兩手也把以一手把之也桐梓皆木名也

孟子曰人之於身也兼所愛兼所愛則兼所養也無尺寸之膚不愛焉則無尺寸之膚不養也所以考其善不善者豈有他哉於己取之而已矣朱曰欲考其所養之善否者惟在反之於身以審其輕重而已矣體有貴賤有小大無以小害大無以賤害貴養其小者爲小人養其大者爲大人朱曰賤而小者口腹也貴而大

反振得勢

者心志也今有場師舍其梧檟養其樲棘則為賤場師焉趙曰場師治場圃者說文曰檟秋也爾雅釋木曰槐小葉曰榎注曰槐當為楸楸細葉者為榎段玉裁曰榎者檟之或字釋木又曰樲酸棗阮曰樲棘古書皆作樲棗爾雅注引孟子養其樲棗毛傳曰棘者棗也統言之也今案水經濟水注曰酸棗以棘名邦是棘與棗亦通言之說文曰棘小棗叢生者楚辭九歎愍命曰樹枳棘與薪柴王逸注曰小棗為棘蓋梧檟二木皆美材酸棗小棗皆非美材舍彼養此故為賤場師也養其一指而失其肩背而不知也則為狼疾人也趙讀狼疾為狼藉而以亂釋之焦曰狼疾猶紛錯害而不知則昏憒瞀亂者矣飲食之人則人賤之矣為其養小以失大也趙曰為其養口腹以失道德耳孫曰為去聲飲食之人無有失也則口腹豈適為尺寸之膚哉趙訓豈適為豈但焦曰秦策疑臣者不適三人高誘注云適音翅翅與啻同不啻猶云不但也王引之曰說文適從辵啻聲適啻聲相近故古字以適為啻

公都子問曰鈞是人也或為大人或為小人何也趙曰鈞同

絕大識議

精覈矜練

先立乎其大者二句說出大人本領然實平易近人所謂求放心無有失皆是此旨此章乃暢言之

正意止末一句最高遠

也今案鈞均字通借孟子曰從其大體爲大人從其小體爲小人朱曰大體心也小體耳目之類也曰鈞是人也或從其大體或從其小體何也曰耳目之官不思而蔽於物物交物則引之而已矣心之官則思思則得之不思則不得也比天之所與我者先立乎其大者則其小者不能奪也此爲大人而已矣朱曰官之爲言司也耳目不能思而蔽於外物則亦一物而已又以外物交於此物其引之而去不難矣今案比今本作此誤內府本亦誤阮引岳本孔本韓本作比比是比猶皆也皆从白从比會意禮記樂記注曰比同也小爾雅廣言曰皆同也是比與皆義同也比比天與我言心與耳目皆天所以與我者也

孟子曰有天爵者有人爵者仁義忠信樂善不倦此天爵也公卿大夫此人爵也孫曰樂音洛文選潘正叔贈河陽詩劉孝標辯命論沈休文安陸昭王碑注藝文類聚封爵部引均作有天爵有人爵無兩者字魏書蕭寶夤傳後漢書翟酺傳注意林

章法全用逆勢有貴於己者止虛拍入後始藉釋詩語明之　人之所貴者句橫插　詩云以下逆接　極常之理卻說來極奇　末數語迴映章旨作收

引均作天爵也人爵也無兩此字古之人脩其天爵而人爵從之今之人脩其天爵以要人爵既得人爵而棄其天爵則惑之甚者也終亦必亡而已矣趙曰要求也朱曰終必并其所得之人爵而亡之也孫曰要音邀

孟子曰欲貴者人之同心也人人有貴於己者弗思耳趙曰在己者謂仁義廣譽也人之所貴者非良貴也趙孟之所貴趙孟能賤之趙曰凡人之所貴富貴故曰非良貴也趙孟晉卿之貴者能貴人能賤人人之所自有者他人不能賤之也詩云既醉以酒既飽以德言飽乎仁義也所以不願人之膏粱之味也令聞廣譽施於身所以不願人之文繡也趙曰詩大雅既醉之篇爾雅釋詁曰令善也願思也孫曰聞音問荀子榮辱篇注曰願猶慕也晉語曰夫膏粱之性難正也注曰膏肉之肥者粱食之精者禮記月令曰文繡有恆注曰文謂畫也

洞識慕義強仁之詐

精確接亦奇勁

祭服之制畫衣而繡裳

孟子曰仁之勝不仁也猶水勝火今之爲仁者猶以一杯水救一車薪之火也不熄則謂之水不勝火此又與於不仁之甚者也吳辟畺曰與於不仁之甚猶言甚於不仁者耳亦終必亡而已矣朱曰言終必幷其所爲之仁而亡之也

孟子曰五穀者種之美者也苟爲不熟不如荑稗夫仁亦在乎熟之而已矣趙曰熟成也孫曰荑音蹄稗蒲賣切齊民要術引荑作稊爾雅釋草曰稊英注曰稊似稗布地生穢草荑與稊字通稊即稊之或體字也焦曰稊與稗俱堪水旱種無不熟北方農家種之以備凶年

孟子曰羿之教人射必志於彀學者亦必志於彀趙曰羿古之工射者彀張也朱曰志猶期也學謂學射說文曰彀張弩也阮曰志孔本韓本考文古本足利本同閩監毛

三本作至浦鏜云志誤至翟曰宋刻九經下一志字作至南軒孟子說上一志字作至大匠誨人必以規矩學者亦必以規矩趙曰大匠攻木之工朱曰此章言事必有法然後可成師舍是則無以教弟子舍是則無以學曲藝且然況聖人之道乎

任人有問屋廬子曰禮與食孰重曰禮重趙曰任國之人問孟子弟子屋廬連孫曰任張音壬閻曰任國名大皞之後風姓今濟寧東任城縣是色與禮孰重曰禮重曰以禮食則飢而死不以禮食則得食必以禮乎親迎則不得妻不親迎則得妻必親迎乎孫曰迎張魚慶切閻曰禮食者坊記云故食禮主人親饋則客祭主人不親饋則客不祭故君子苟無禮雖美不食焉是也屋廬子不能對明日之鄒以告孟子孟子曰於答是也何有趙曰於音烏歎辭也朱曰於如字不揣其本而齊其末方寸之木可使高於岑樓趙曰累積方寸之木可使高於岑樓岑樓山之銳嶺者爾雅釋山曰山小而高岑方言曰

任人所問極狡辨非孟子固不足以折之此下滿紙奇縱之氣實則見極之談也

岑高也焦曰釋丘培塿冢也岑樓義與塿同金重於羽者豈謂一鉤金與一輿羽之謂哉趙曰一帶鉤之金豈重一車羽邪孔廣森曰晏子春秋曰大帶重半鉤鄭君說東萊稱大半兩為鉤然則帶鉤金半鉤才重三分兩之一今案孔引晏子見外篇七鄭說見考工記冶人注取食之重者與禮之輕者而比之奚翅食重取色之重者與禮之輕者而比之奚翅色重朱曰禮食親迎禮之輕者也飢而死以滅其性不得妻而廢人倫食色之重者也孫曰翅張云與啻同古字通用往應之曰紾兄之臂而奪之食則得食不紾則不得食則將紾之乎踰東家牆而摟其處子則得妻不摟則不得妻則將摟之乎趙曰紾戾也摟牽也處子處女也朱曰此二者禮與食色皆其重者而以之相較則禮為尤重也孫曰紾張音軫又徒展切摟音婁

曹交問曰人皆可以為堯舜有諸孟子曰然趙曰曹交曹君之弟

此喻極奇而確闇百詩乃妄疑之謂人皆可爲堯舜不聞皆可爲烏獲不知烏獲之力亦由馴積而致與堯舜固無異也

交名也朱曰人皆可以爲堯舜疑古語或孟子所嘗言也困學紀聞曰左傳哀公八年宋滅曹至孟子時曹亡久矣曹交蓋以國爲氏者惠士奇春秋說曰曹滅於哀之八年復見於哀之十四年蓋宋雖滅曹仍爲附庸於宋故至戰國尚有曹君春秋言入不言滅者以此李嘉端恖聞齋筆記曰鄒乃曹姓曹交卽鄒君之弟也趙注曹君蓋傳寫偶誤耳今案交如爲鄒君之弟不必言得見鄒君矣以下文按之李說非是交聞文王十尺湯九尺今交九尺四寸以長食粟而已如何則可朱曰曹交問也食粟而已言無他材能也曰奚有於是亦爲之而已矣有人於此力不能勝一匹雛則爲無力人矣今曰舉百鈞則爲有力人矣然則舉烏獲之任是亦爲烏獲而已矣夫人豈以不勝爲患哉弗爲耳趙曰烏獲古之有力人也能移舉百鈞今案匹雛孫引丁作疋雛云案注云疋雛小雛也而詁訓及諸書疋訓偶訓小無文孫曰方言疋小也音節蓋與疋字相似後人傳寫誤耳韓非子觀行篇曰烏獲輕千鈞而重其身徐行後長者謂之弟疾行

先長者謂之不弟。夫徐行者。豈人所不能哉。所不爲也。堯舜之道。孝弟而已矣。孫曰長張丈切阮曰悌閩監毛三本同宋九經本岳本咸淳衢州本孔本韓本作弟按悌者俗字子服堯之服。誦堯之言。行堯之行。是堯而已矣。子服桀之服。誦桀之言。行桀之行。是桀而已矣。孫曰之行下孟切胡紹勳四書拾義曰詩鄭箋訓服爲事本爾雅釋詁服堯之服者事堯之事也服桀之服者事桀之事也中庸言前定事前定行前定事與言行並舉與此同曰。交得見於鄒君。可以假館。願留而受業於門。孫曰見音現曰。夫道若大路然。豈難知哉。人病不求耳。子歸而求之。有餘師。朱曰言歸而求之事親敬長之間則性分之內萬理皆備隨處發現無不可師不必留此而受業也

公孫丑問曰。高子曰。小弁。小人之詩也。毛詩序曰小弁刺幽王也大子之傅作焉傳引孟子此章又絲衣序曰繹賓尸也高子曰靈星之尸也韓詩外傳載高子與孟子論衛女之詩

筆勢縱蕩入譬喻不測一片至仁惻怛之音

卽此高子陳奐曰高子卽高行子習於詩者陸德明釋文徐整云子夏授高行子是也今案史記周本紀曰幽王得褒姒愛之欲廢申后幷去太子宜臼蓋宜臼被放其傳乃述其念父之意而作此詩毛說如此趙注以爲伯奇之詩與毛異蓋韓詩說也論衡書虛篇曰伯奇放流首髮早白詩云惟憂用老與趙同又太平御覽人事部引韓詩曰黍離伯封作曹植令禽惡鳥論曰昔尹吉甫信後妻之讒而殺孝子伯奇其弟伯封求而不得作黍離之詩亦用韓詩說

孟子曰何以言之曰怨趙曰怨者怨親之過毛傳引怨下有乎字曰固哉高叟之爲詩也有人於此越人關弓而射之則己談笑而道之無他疏之也其兄關弓而射之則己垂涕泣而道之無他戚之也小弁之怨親親也親親仁也固矣夫高叟之爲詩也趙曰戚親也朱曰固謂執滯不通也道語也孫曰爲詩丁云爲猶解說也關丁張並音彎毛傳引固哉下有夫字有人於此越人作有越人於此射之作射我則己並作我則其兄關弓而射之作兄弟關弓而射我小弁之怨上有然則二字爲詩下無也字詩角弓疏引亦作兄弟

高論冠千古有此通識乃始可以窮經

此章文氣甚盛後世文家多仿之者

關弓而射我劉淵林三都賦注引作越人彎弓而射我曰凱風何以不怨詩序曰凱風美孝子也衛之淫風流行雖有七子之母猶不能安其室故美孝子能盡其孝道以慰其母心而成其志爾箋曰不安其室欲去嫁也成其志者成其孝子自責之意曰凱風親之過小者也小弁親之過大者也親之過大而不怨是愈疏也親之過小而怨是不可磯也愈疏不孝也不可磯亦不孝也趙曰磯激也晉書音義曰磯大石激水也孔子曰舜其至孝矣五十而慕朱曰言舜猶怨慕小弁之怨不為不孝也

宋牼將之楚孟子遇於石丘曰先生將何之趙曰宋人名牼學士年長者故謂之先生石丘地名也莊子天下篇荀子非十二子篇宋牼作宋鈃焦曰牼與鈃同音口莖反又荀子天論篇楊倞注曰宋子名鈃與孟子同時漢書藝文志小說家有宋子十八篇名家有尹文子一篇注引劉向曰與宋鈃俱遊稷下曰吾聞秦楚構兵我將見楚王說而罷

與梁惠章同指彌復軒
明質健

之楚王不悅我將見秦王說而罷之二王我將有所遇
焉孫曰說音稅下同史記楚世家曰懷王十六年發兵西攻秦秦亦發兵擊之十七年春與秦戰丹陽秦大
敗我軍斬甲士八萬虜我大將軍屈匄裨將軍逢侯丑等七十餘人遂取漢中之郡楚懷王大怒乃悉國兵復
襲秦戰於藍田大敗楚軍秦策高誘注曰構連也遇合也今案莊子天下篇曰宋鈃尹文子見侮不辱救民之
鬬禁攻寢兵救世之戰以此周行天下上說下教雖天下不取強聒而不舍者也於此可見曰軻也
請無問其詳願聞其指說之將何如指與恉通謂其意所在也曰我
將言其不利也曰先生之志則大矣先生之號則不可
號所借以爲名也先生以利說秦楚之王秦楚之王悅於利以
罷三軍之師是三軍之士樂罷而悅於利也爲人臣者
懷利以事其君爲人子者懷利以事其父爲人弟者懷
利以事其兄是君臣父子兄弟終去仁義懷利以相接

此章以神情離合處出奇主意至篇末始見乃孟子常法

然而不亡者未之有也呂覽音律篇注曰終盡也先生以仁義說秦楚之王秦楚之王悅於仁義而罷三軍之師是三軍之士樂罷而悅於仁義也為人臣者懷仁義以事其君為人子者懷仁義以事其父為人弟者懷仁義以事其兄是君臣父子兄弟去利懷仁義以相接也然而不王者未之有也何必曰利

孟子居鄒季任為任處守以幣交受之而不報處於平陸儲子為相以幣交受之而不報趙曰季任任君季弟也任君朝會於鄰國季任為之居守其國也致幣帛之禮以交孟子受之而未報也平陸齊下邑也儲子齊相也錢大昕養新錄曰國君之弟以國氏字當在國下春秋桓十七年蔡季自陳歸於蔡蔡侯弟也莊二年紀季以酅入於齊紀侯弟也依春秋例季任當為任季傳寫顛倒耳閻曰平陸今為汶上縣齊都臨淄凡六百里而儲子既相非奉王命

似未易出郊外范睢列傳云秦相穰侯東行縣邑東騎至湖關湖今閿鄉縣去秦都咸陽亦幾六百里是當日國相皆得周行其境之內故曰儲子得之平陸他日由鄒之任見季子由平陸之齊不見儲子屋廬子喜曰連得閒矣趙曰連屋廬子名也朱曰屋廬子知孟子之處此必有義理故喜得其閒隙而問之問曰夫子之任見季子之齊不見儲子為其為相與孫曰為其于為切與音餘曰非也書曰享多儀儀不及物曰不享惟不役志于享尚書洛誥篇曰享多儀儀不及物惟曰不享惟不役志于享傳曰奉上之謂享鄭注曰朝聘之禮至大其禮之儀不及物謂所貢篚者多而威儀簡也威儀既簡亦是不享也吳先生曰甘泉賦注惟是也王氏釋詞曰猶為也惟曰不享者是為不享也惟不役志于享者是不用意于享也為其不成享也朱曰孟子釋書意如此屋廬子悅

或問之屋廬子曰季子不得之鄒儲子得之平陸趙曰季子守國不得越境至鄒不身造孟子可也儲子為相得循行國中但遙交禮為其不尊賢故答而不見

髡舌辯之士而孟子所言皆足以關其口而奪之氣由所據高也

淳于髡曰先名實者爲人也後名實者自爲也夫子在三卿之中名實未加於上下而去之仁者固如此乎朱曰名聲譽也實事功也言以名實爲先而爲之者是有志於救民者也以名實爲後而不爲者是欲獨善其身者也名實未加於上下言上未能正其君下未能濟其民也全祖望經史荅問曰三卿者指上卿亞卿下卿而言樂毅初入燕乃亞卿是其證也說苑雜言篇引爲人自爲下各有者字

孟子曰居下位不以賢事不肖者伯夷也五就湯五就桀者伊尹也不惡汙君不辭小官者柳下惠也三子者不同道其趨一也一者何也曰仁也君子亦仁而已矣何必同趙曰伊尹爲湯見貢於桀桀不用而歸湯湯復貢之如此者五思濟民冀得施行其道也孫曰趨張讀如趣言其趣向無異也鬼谷子忤合篇曰伊尹五就湯五就桀然後合於湯淮南泰族篇曰伊尹五就湯五就桀將欲以濁爲淸以危爲寧也今案五者言其屢耳不必泥定五次胡應麟三墳補逸曰莖屢言之以明聖人去就不常惟義所在耳非定

以爲五也其說是也又淮南氾論篇注曰趨歸也說苑作趣曰魯穆公之時公儀子爲政子柳子思爲臣魯之削也滋甚若是乎賢者之無益於國也趙曰子柳泄柳也史記循吏傳曰公儀休者魯博士也以高第爲魯相俞曰爲政卽爲正卿也政正字古通用鹽鐵論相刺篇曰昔魯穆公之時公儀爲相子思子原爲之卿然北削於齊以泗爲境南畏楚人西賓秦國盧文弨羣書拾補曰子原說苑雜言篇作子庚子庚乃泄柳字今案呂覽觀表篇注曰削弱也說文曰滋益也曰虞不用百里奚而亡秦繆公用之而霸不用賢則亡削何可得與趙曰無賢國亡何但得削曰昔者王豹處於淇而河西善謳緜駒處於高唐而齊右善歌華周杞梁之妻善哭其夫而變國俗有諸內必形諸外爲其事而無其功者髡未嘗覩之也是故無賢者也有則髡必識之趙曰王豹衛之善謳者淇水名衛詩竹竿之篇曰泉源在左淇水在右碩人之篇曰河水洋洋北流活活

衛地濱於淇水在北流河之西故曰處淇水而河西善謳縣駒善歌者也高唐齊西邑縣駒處之故曰齊右善歌華周華旋也杞梁杞殖也二人齊大夫死於戎事者其妻哭之哀國俗化之則效其哭朱曰髡以此譏孟子仕齊無功未足為賢也楚辭大招王逸注曰徒歌曰謳詩園有桃傳曰曲合樂曰歌焦曰東漢時鄴河久竭河徙東行衛地不在河西而淇水不濱衛地故趙氏兩引詩以明古河與淇之所在漢書地理志平原郡有高唐地在齊國之西西在右故其地為齊右韓詩外傳云淳于髡曰昔者揖封生高商齊人好歌高商蓋卽高唐揖封蓋卽縣駒今案洪亮吉曉讀書齋雜錄以王豹卽左哀六年之王豹未知然否又文選陸士衡樂府李善注引作齊后善歌曰今孟子作齊右蓋別本有作后字者華周杞梁事見左傳襄二十三年作華還杞殖周與梁蓋二人之字也禮記檀弓篇列女傳貞順篇載梁妻事說苑善說篇立節篇華周作華舟漢書人表作華州

曰孔子為魯司寇不用從而祭燔肉不至不稅冕而行不知者以為為肉也其知者以為為無禮也乃孔子則欲以微罪行不欲為苟去君子之所為衆人固不識也

語歸孔子而意旨有在

憑空發議氣勁而勢雄先總攝章旨作冒又一作法意與乃在筆墨之外

趙曰反歸其舍未及稅解祭之冕而行出適他國不知者以爲不得膰肉而慍也知者以爲爲君無禮乃欲以微罪行膰肉不至我儻從祭之禮不備有微罪乎乃聖人之妙旨也孫曰稅音脫爲肉爲無禮爲于僞切史記孔子世家曰孔子由大司寇行攝相事齊人聞而懼於是選齊國中女子好者八十人皆衣文衣而舞康樂文馬三十駟遺魯君季桓子乃語魯君爲周道游往觀終日怠於政事子路曰夫子可以行矣孔子曰魯君且郊如致膰乎大夫則吾猶可以止桓子卒受齊女樂三日不聽政郊又不致膰俎於大夫孔子遂行說文曰膰宗廟火熟肉也字亦作膰與燔字通

孟子曰。五霸者。三王之罪人也。今之諸侯。五霸之罪人也。今之大夫。今之諸侯之罪人也。趙曰五霸齊桓晉文秦繆宋襄楚莊是也三王夏禹商湯周文王是也今案風俗通皇霸篇三王列武王不列文王趙注列文王不列武王朱注引趙作周文武義較備阮曰閩監毛三本改武天子適諸侯曰巡狩。諸侯朝於天子曰述職。春省耕而補不足。秋省斂而助不給。入其疆土地辟田野治養老尊賢俊傑在位則有慶慶以地入其疆土地荒蕪遺老失賢掊克在位則有讓一不朝則貶其爵再不朝則削其地三不朝則六師移之是故天子討而不伐諸侯伐而不討五霸者摟諸侯以伐諸侯者也故曰五霸者三王之罪人也趙曰慶賞也賞之以地益其地也五霸伐諸侯不以王命於三王之法乃罪人也孫曰辟音闢掊丁薄侯切深也聚斂也周語注曰讓譴責也俞曰移當讀爲陊廣雅釋詁陊隓竝訓壞隓卽墮字六師墮之蓋毀壞其都邑若春秋所書帥師墮郈帥師墮費之類焦曰莊公二十八年左傳云凡師有鐘鼓曰伐杜預春秋釋例云鳴鐘鼓以聲其過曰伐蓋諸侯奉王命以聲其罪既伐之當必告於王以治之胡紹勳曰爾雅釋詁云摟聚也聚猶會也猶言會諸侯以伐諸侯也與摟處子義異五霸桓公爲盛葵丘之會諸侯束牲載書而不歃血初命曰誅不孝無易樹子無以妾爲妻再命曰尊賢育

才以彰有德三命曰敬老慈幼無忘賓旅四命曰士無世官官事無攝取士必得無專殺大夫五命曰無曲防無遏糴無有封而不告曰凡我同盟之人既盟之後言歸于好今之諸侯皆犯此五禁故曰今之諸侯五霸之罪人也趙曰齊桓公五霸之盛者也與諸侯會於葵邱束縛其牲但加載書不復歃血樹立也已立世子不得擅易也不得立愛妾爲嫡也尊賢養才以彰明有德之人敬老愛小恤矜孤寡賓客羈旅勿忘忽也仕爲大臣不得世官賢臣乃得世祿也官事無攝無曠庶僚也取士必得賢立之無方也無遏止穀糴不通鄰國也無以私恩擅有所封賞而不則盟主也言歸于好無搆怨也朱曰無專殺大夫有罪告請命于天子而後殺之也無曲防不得曲爲隄防壅泉激水以專小利病鄰國也孫曰歃所洽切糴音狄好呼報切春秋僖公九年九月戊辰諸侯盟于葵邱左傳曰齊侯盟諸侯于葵邱曰凡我同盟之人既盟之後言歸于好穀梁傳曰葵邱之會陳牲而不殺讀書加于牲上壹明天子之禁曰毋雍泉毋訖糴毋易樹子毋以妾爲妻毋使婦人與國事

僖公三年秋齊侯宋公江人黃人會于陽穀公羊傳曰桓公曰無障谷無貯粟無易樹子無以妾為妻管子霸形篇曰與楚王遇於召陵之上而令於遇上曰毋貯粟毋曲隄無擅廢嫡子無置妾以為妻今案各書所載先後詳略不同蓋桓公之盟恆以此數者為戒故陽穀召陵皆令之而以葵邱為尤備葵邱五命以為孟子為尤詳也杜注曰陳留外黃縣有葵邱春秋傳說彙纂曰今在考城縣東三十里淮南氾論篇注曰載加也左傳隱七年疏曰歃謂口含血也葵邱之盟但束縛其牲加盟書於牲上而不歃血穀梁傳所謂信厚是也

長君之惡其罪小逢君之惡其罪大今之大夫皆逢君之惡故曰今之大夫今之諸侯之罪人也趙曰逢迎也朱曰君有過不能諫又順之者長君之惡也君之過未萌而先意導之者逢君之惡也孫曰長張丈切

魯欲使慎子為將軍趙曰慎子善用兵者今案荀子非十二子篇莊子天下篇史記孟子荀卿列傳均以慎到田駢並稱漢書藝文志法家有慎子四十二篇原注曰名到焦曰史言到學黃老為法家者流不當使為將軍故趙氏不以為到也

孟子曰不教民而用之謂之殃民

一戰三句每句四字止十二字耳而奇肆駿桀理得事順使旁人無從更置一喙此見筆力之彊

案此孟子過執大國百里之說而未深考史記伯禽封四百里太公兼五侯地蓋得其實魯之五百蓋始封四百越入吳予地百里其他無大得失若初封百里不能廓地如此之多也　史

殃民者不容於堯舜之世。一戰勝。齊遂有南陽。然且不可。趙曰山南曰陽岱山之南謂之南陽也公羊閔公二年曰桓公使高子將南陽之甲立僖公而城魯何注曰南陽齊下邑齊策魯仲連曰楚攻南陽閭曰史稱泰山之陽則魯其陰則齊南陽必齊地深插入魯界中者程恩澤國策地名考曰在今新泰寧陽一帶今案閻引史記貨殖傳

慎子勃然不悅曰。此則滑釐所不識也。趙曰滑釐慎子名孫曰滑丁張並音骨釐力之切焦曰慎子與墨子之徒禽滑釐同名或以慎子即禽滑釐或以慎子御事禽滑釐稱其御滑釐不識皆非是

曰吾明告子。天子之地方千里。不千里。不足以待諸侯。諸侯之地方百里。不百里。不足以守宗廟之典籍。趙曰宗廟典籍謂先祖常籍法度之文也焦曰待諸侯謂朝覲聘問備其燕享賜予之禮

周公之封於魯。爲方百里也。地非不足。而儉於百里。太公之封於齊也。亦爲方百里也。地非不足也。而儉於百里。今魯方百里者五。子以

公非不見孟子乃不用其說蓋搜討故籍而得之足見罔羅之力子以爲三句治平之略偶然一露徒取二句拗折一筆意乃深至退之每用此法收歸入吾明告子意

用兩排直起極雄橫勁挺孟子崢嶸氣象見於此等最多

由今以下憤惋沈鬱勁氣屈盤英傑儁偉其後秦一海內而孟子之言卒驗

爲有王者作則魯在所損乎在所益乎說文曰儉約也徒取諸彼以與此然且仁者不爲況於殺人以求之乎朱曰徒空也言不殺人而取之也君子之事君也務引其君以當道志於仁而已

孟子曰今之事君者曰我能爲君辟土地充府庫今之所謂良臣古之所謂民賊也君不鄉道不志於仁而求富之是富桀也孫曰爲于僞切辟音闢鄉音嚮下同阮曰皆曰闔監毛三本孔本同考文古本足利本無皆字我能爲君約與國戰必克今之所謂良臣古之所謂民賊也君不鄉道不志於仁而求爲之強戰是輔桀也齊策注曰約結也禮記禮器篇注曰克勝也由今之道無變今之俗雖與之天下不能一朝居也朱曰言必爭奪而至於危亡也鹽鐵論伐功篇引孟子曰

君不鄉道不由仁義而爲之强戰雖克必亡論儒一篇引孟子曰居今之朝不易其俗而成千乘之勢不能一朝居也均與此文小異

白圭曰吾欲二十而取一何如趙曰白圭周人也節以貨殖欲省賦利民使二十而稅一史記貨殖傳曰白圭周人也當魏文侯時李克盡地力而白圭樂觀時變故人棄我取人取我與能薄飲食忍嗜欲節衣服與用事僮僕同苦樂趨時若猛獸鷙鳥之發故曰吾治生產猶伊尹呂尚之謀孫吳用兵商鞅行法是也閻氏毛氏據韓非子白圭相魏鄒陽書白圭爲魏取中山謂魏拔中山在文侯十七年癸酉下逮孟子乙酉至梁凡七十三年孟子書白圭當別爲一人管同更以鄒陽書史記孟子三書之白圭各爲一人今案呂覽聽言篇曰白圭非惠子不屈篇載其論惠子之事史述白圭之言若商鞅行法正與孟子同時新序雜事四載白圭與孟嘗君論魏文侯之言蓋孟嘗以白圭曾及文侯故問之燕策目白珪逃於秦吳師道謂孟嘗君問即在是時又魏策白珪謂新城君吳師道謂正及孟子時韓非子喻老篇稱白圭行隄則君下章所言治水正追述舊事是孟子之白圭與史記韓非呂覽鄒陽書新序之白圭國策之白珪應是一人人之壽考至

五句橫亘文中

前喻並未承接此處綰合見孟子學力大中至正不偏倚處

百餘歲史亦屢見何庸疑乎孟子曰子之道貉道也趙曰貉之稅二十而取一孫曰貉音貊周禮職方注引鄭司農曰北方曰貉後漢書仲長統傳曰二十稅一名之曰貊注引此文作貊而貊下無道字萬室之國一人陶則可乎曰不可器不足用也呂覽慎人篇注曰陶作瓦器也曰夫貉五穀不生惟黍生之無城郭宮室宗廟祭祀之禮無諸侯幣帛饔飧無百官有司故二十取一而足也趙曰貉在北方其氣寒不生五穀黍早熟故獨生之也朱曰饔飧以飲食饋客之禮也今居中國去人倫無君子如之何其可也陶以寡且不可以為國況無君子乎欲輕之於堯舜之道者大貉小貉也欲重之於堯舜之道者大桀小桀也宣公十五年公羊傳曰古者曷為什一而籍什一者天下之中正也多乎什一大桀小桀寡乎什一大貉小貉困學紀聞引尚書大傳曰古者十稅一多於十稅一謂之大桀小桀少於十稅一謂之大貊小貊王者什一而稅而頌聲作矣

此章見衞聖之嚴拒惡之峻

禹功丹罪皆以奇語著之

語斥其曲防而意嫉其侮聖

闓生案惡猶烏也惡乎執者烏有固執之事也孟子書時時引申發明孔子之言如君子可欺以其方及此章皆是

白圭曰丹之治水也愈於禹趙曰丹名圭字也當時諸侯有小水白圭爲治除之因自謂過禹也今案韓非子喻老篇曰千丈之隄以螻蟻之穴潰故曰白圭之行隄也塞其穴是以白圭無水難蓋卽其事孟子曰子過矣禹之治水水之道也朱曰順水之性也是故禹以四海爲壑今吾子以鄰國爲壑禮記郊特牲注曰壑猶坑也水逆行謂之洚水洚水者洪水也仁人之所惡也吾子過矣孫曰洚張音絳又下江切丁湖貢切惡烏路切焦曰逆之爲洚猶逆之爲逢因其逆行故如禹時之洪水也

孟子曰君子不亮惡乎執趙曰亮信也若爲君子之道舍信將安執之孫曰惡音烏何異孫十一經問對曰亮與諒同孔子曰豈若匹夫匹婦之爲諒哉又曰君子貞而不諒諒者信而不通之謂君子所以不亮者惡乎執也故孟子又曰所惡執一者爲其賊道也今案如何說則惡烏故切

魯欲使樂正子爲政俞曰政正古通用爲正謂使爲正卿也孟子曰吾聞

望治之情殷然如見
公孫丑以下故作波折
光氣甚偉
後半多截斷横起之筆
則人將曰訑訑人字當衍或有脱誤
距人於千里之外語奇而警以下句句倒接

之喜而不寐朱曰喜其道之得行公孫丑問曰樂正子强乎曰否有知慮乎曰否多聞識乎曰否焦曰强猶果知慮猶達多聞識猶藝孔子稱此三者於從政乎何有故丑以此問然則奚爲喜而不寐朱曰丑問也曰其爲人也好善孫曰好呼報切好善足乎朱曰丑問也曰好善優於天下而況魯國乎趙曰以此治天下可以優爲之夫苟好善則四海之內皆將輕千里而來告之以善夫苟不好善則人將曰訑訑予既已知之矣訑訑之聲音顏色距人於千里之外士止於千里之外則讒諂面諛之人至矣與讒諂面諛之人居國欲治可得乎趙曰訑訑者自足其智不嗜善言之貌孫曰訑張吐禾切云蓋言辭不正欺罔於人自誇大之貌丁云此字音他又達可切字作訑者音詒今案說文曰兖州謂欺曰詑从言它聲方言作訑一切經音義引纂文作訑廣雅釋詁曰忚欺也蓋詑爲本字訑訑訑忚皆或體字也焦曰將曰之將

逆提以為章法

句有鋒稜意在言外東坡詩所謂句外出力中藏稜也

通體盤旋為末二句蓄勢章法極奇賈生過秦

與將輕之將同人見此不好善之人而狀其貌曰訑訑又述其言曰予既已知之矣既猶盡也予盡知之謂人之言不足以益之也

陳子曰古之君子何如則仕趙注以陳子為陳臻孟子曰所就三所去三迎之致敬以有禮言將行其言也則就之禮貌未衰言弗行也則去之其次雖未行其言也迎之致敬以有禮則就之禮貌衰則去之其下朝不食夕不食飢餓不能出門戶君聞之曰吾大者不能行其道又不能從其言也使飢餓於我土地吾恥之周之亦可受也免死而已矣孫曰周與賙同救贍也顧炎武曰免死而已矣則亦不久而去矣故曰所去三

孟子曰舜發於畎畝之中傅說舉於版築之閒膠鬲舉於魚鹽之中管夷吾舉於士孫叔敖舉於海百里奚舉

所自出　一起絕排奡

特識獨有千古

於市趙曰舜耕歷山三十徵庸傅說築傅巖武丁舉以爲相膠鬲殷之賢臣遭紂之亂隱遁爲商文王舉於鬻販魚鹽之中得其人舉之以爲臣也士獄官也管仲自魯囚執於士官桓公舉以爲相國孫叔敖隱處耕於海濱楚莊王舉之以爲令尹百里奚亡虞適秦隱於都市繆公舉之於市而以爲相也今案舜及百里奚事見前說舉傅巖見書序史記殷本紀墨子尚賢篇等夷吾舉士見左傳莊九年國語齊語史記齊世家管晏列傳管子大匡篇等惟膠鬲舉魚鹽孫叔敖舉海事不可考毛奇齡經問曰荀子呂覽皆言孫叔敖爲期思之鄙人期思卽春秋之寢邱也期思當淮西之地淮水經期思之北而東注於海禹貢淮與海並稱地志淮康與海康並稱是以稱淮地多稱海疆也孫星衍孫叔敖名字攷曰孫叔敖漢碑以爲名饒饒與敖音相近故天將降大任於是人也必先苦其心志勞其筋骨餓其體膚空乏其身行拂亂其所爲所以動心忍性曾益其所不能孫曰曾張云與增同詩節南山傳曰空窮也呂覽季春紀注曰行而無資曰乏淮南主術篇注曰拂戾也文選高唐賦注曰動驚也廣雅釋言曰忍耐也荀子榮辱篇注引餓上有窮字曾作增人恆過

千盤百轉厚集其陣純用勁折無波磔痕

然後能改困於心衡於慮而後作徵於色發於聲而後喻趙曰衡橫也朱曰恆猶言大率也今案衡橫字通猶塞也爾雅釋詁曰恆常也禮器疏引鄭玄書洪範注曰徵驗也喻同諭廣雅釋言曰諭曉也入則無法家拂士出則無敵國外患者國恆亡趙曰入謂國內也無法度大臣之家輔拂之士出謂國外也無敵國可難無外患可憂則凡庸之君驕慢荒怠國常以此亡也孫曰拂音弼焦曰荀子臣道篇云有能抗君之命竊君之重反君之事以安國之危除君之辱功伐足以成國之大利謂之拂說苑臣術篇引此文拂作弼賈子保傅篇云潔廉而切直匡過而諫邪者謂之拂大戴記保傅篇作弼說文云弼輔也重文作𢐀以𢐀从弗聲同拂故假借拂也

然後知生於憂患而死於安樂也

孟子曰教亦多術矣予不屑之教誨也者是亦教誨之而已矣趙曰屑絜也今案我不以其人爲絜而拒絕之使之知戒是亦教誨之也

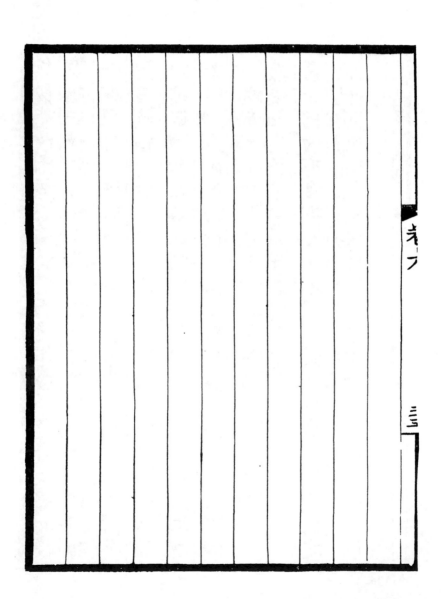

先大夫曰此篇雜記微言而以反經終之又以羣聖承傳爲七篇之館鎋也

性命之理爲道學之極則夫子所罕言子貢所不得聞者唯中庸極論之此下數章義與相近

伉爽正直聖賢氣度

精至語

孟子文法讀本卷第七

霸縣高步瀛集解
桐城吳闓生評點

盡心

孟子曰盡其心者知其性也知其性則知天矣趙曰性有仁義禮智之端心以制之人能盡極其心以思行善則可謂知其性矣今案善卽謂仁義禮智盡卽以此四端擴而充之也禮記中庸篇曰天命之謂性故知性則知天矣存其心養其性所以事天也存其心則不放其良心矣養其性則無旦晝梏亡矣殀壽不貳修身以俟之所以立命也趙曰貳二也朱曰不貳者知天之至脩身以俟死則事天以終身也立命謂全其天之所付不以人爲害之孫曰殀與夭同

孟子曰莫非命也順受其正朱曰吉凶禍福皆天所命然惟莫之致而至者乃爲正命故君子脩身以俟所以順受乎此也論衡刺孟篇引作莫非天命也是故知命者不立乎巖牆之下文選西都賦李善注曰巖險也蓋雖順受其正而无妄之禍亦當有以避之盡

析義極精到持論極宏通能使人感之興起

體大思精詞與理稱

其道而死者正命也桎梏死者非正命也周禮大司寇桎梏而坐諸嘉石注曰木在足曰桎在手曰梏論衡引正命也上有爲字桎梏下有而字

孟子曰求則得之舍則失之是求有益於得也求在我者也朱曰在我者謂仁義禮智凡性之所有者孫曰舍音捨求之有道得之有命是求無益於得也求在外者也朱曰有道言不可妄求有命則不可必得在外者謂富貴利達凡外物皆是金履祥曰上二句皆古語常言翟曰荀子不苟篇操之則得之舍之則失之文子符言篇求之有道得之在命金氏謂皆古語不虛也今案文子未可信然其捃拾者固古書也

孟子曰萬物皆備於我矣趙曰物事也朱曰此言理之本然也大則君臣父子小則事物細微其當然之理無一不具於性分之內也反身而誠樂莫大焉趙曰誠者實也朱曰反諸身而所備之理皆實則其行之不待勉强而無不利矣其爲樂孰大於是孫曰樂音洛强恕而行求仁莫近焉淮南脩務篇注曰彊勉也段玉裁曰孔子能近取譬可謂仁之方也已是曰

機變之巧指儀秦之徒而言

短篇筆致曲而氣甚勁直

則爲仁不外於恕也阮曰强廖本孔本韓本同閩監毛三本作彊

孟子曰。行之而不著焉。習矣而不察焉。終身由之而不知其道者。衆也。焦曰小爾雅廣詁云著猶明也禮記中庸注云察猶著也行習卽由之也著察卽知之也易上繫傳云一陰一陽之謂道繼之者善也成之者性也仁者見之謂之仁知者見之謂之知百姓日用而不知故君子之道鮮矣日用而不知卽所謂終身由之而不知其道也

孟子曰。人不可以無恥。無恥之恥。無恥矣。趙曰人能恥己之無所恥是爲改行從善之人終身無復有恥辱之累也

孟子曰。恥之於人大矣。爲機變之巧者。無所用恥焉。朱曰爲機械變詐之巧者所爲之事皆人所深恥而彼方且自以爲得計故無所用其愧恥之心也不恥不若人。何若人有。朱曰不恥其不如人則何能有如人之事

孟子曰。古之賢王。好善而忘勢。古之賢士。何獨不然。樂

其道而志人之勢故王公不致敬盡禮則不得亟見之見且由不得亟而況得而臣之乎趙曰亟數也孫曰樂音洛亟去吏切洪邁容齋四筆曰由與猶通用阮曰由宋九經本宋本岳本咸淳衢州本孔本韓本同閩監毛三本作猶

孟子謂宋句踐曰子好遊乎吾語子遊人知之亦囂囂人不知亦囂囂趙曰宋姓也句踐名也好以道德遊欲行其道者囂囂自得無欲之貌孫曰好呼報切語魚據切囂五高切又許驕切今案秦策陳軫曰王獨不聞吳人之遊楚者乎高注曰遊仕也好以道德遊即好以道德遊仕也焦曰爾雅釋言以閑釋囂此囂為閑之假借囂囂即閑閑也曰何如斯可以囂囂矣曰尊德樂義則可以囂囂矣孫曰樂音洛故士窮不失義達不離道窮不失義故士得己焉達不離道故民不失望焉趙曰窮不失義不為不義而苟得故得己之本性也達不離道思利民之道故民不失其望也吳辟疆曰得讀窮之得我之得言士爭歸而向之然不得有為猶為獨善其身而已古之

光明俊偉磊落之概

數語耳而橫厲特甚豪傑之士意以自謂也蓋其自待過伯夷太公遠矣

悠然神遠

名論

人得志澤加於民不得志修身見於世窮則獨善其身達則兼善天下趙曰見立也獨治其身以立於世間不失其操也風俗通十反篇引兼善作兼濟又以二句上下互易

孟子曰待文王而後興者凡民也若夫豪傑之士雖無文王猶興焦曰凡民猶云庶民

孟子曰附之以韓魏之家如其自視欿然則過人遠矣趙曰附益也韓魏晉六卿之富者也孫曰欿張音坎內顧不足而有所欲也段玉裁曰孟子假欿爲坎謂視盈若虛也

孟子曰以佚道使民雖勞不怨趙曰謂教民趨農役有常時不使失業當時雖勞後獲其利則佚矣若亟其乘屋之類也故曰不怨以生道殺民雖死不怨殺者趙曰謂殺大辟之罪者以坐殺人故也殺此罪人者其意欲生民也故雖伏罪而死不怨殺者

孟子曰霸者之民驩虞如也王者之民皡皡如也趙曰霸者行善恤民恩澤暴見易知故民驩虞樂之也王者道大法天浩浩而德難見也孫曰驩虞丁云義當作歡娛古字通用耳張云皡與昊同說文胡老切義與浩同古字通用今案文選蘇子卿詩注引此作驩娛皡俗本或作皡訛殺之而不怨利之而不庸民日遷善而不知為之者趙曰庸功也朱曰此所謂皡皡如也夫君子所過者化所存者神上下與天地同流豈曰小補之哉焦曰易序卦傳云不養則不可動故受之以大過有其信者必行之故受之以小過過之義為動為行所過者化猶云所行行者化所動者化也行動者於外存者運於中所行動者民即變化由於所存者神也下繫傳云神而化之使民宜之過化存神神而化之也荀子臣道篇注云補謂彌縫其闕今案朱子語類曰荀子亦言仁人之兵所過者化所存者神似是成語故孟荀皆用之又案朱引荀子見議兵篇又鹽鐵論申韓篇曰聖人教化上與日月俱照下與天地同流豈曰小補之哉蓋本孟子此文

如此摹寫聖人非體察精微心領神會其絕大

孟子曰仁言不如仁聲之入人深也善政不如善教之得民也趙曰仁言政教法度之言也仁聲樂聲雅頌也仁言之政雖明不如雅頌感人心之深也善政使民不違上善教使民尚仁義心易得也善政民畏之善教民愛之善政得民財善教得民心趙曰畏之不逋怠故賦役舉而財聚

孟子曰人之所不學而能者其良能也所不慮而知者其良知也朱曰良者本然之善也本孩提之童無不知愛其親者及其長也無不知敬其兄也趙曰孩提二三歲之閒知孩笑可提抱者也少知愛親長知敬兄此所謂良能良知也孫曰長張丈切說文曰咳小兒笑也孩古文咳阮曰無不知愛其親者按古本無不作者注疏本亦不誤今本作也不可不正今案內府本亦作者親親仁也敬長義也無他達之天下也

孟子曰舜之居深山之中與木石居與鹿豕遊其所以

識力安能言之條鬯無閡如此用筆抑揚亦若神助孟子論舜多矣輒能挾其全體之氣象精神以俱出由學識與之通也

異於深山之野人者幾希趙曰舜耕歷山之時及其聞一善言見一善行若決江河沛然莫之能禦也趙曰聞一善言則從之見一善行則識之辟若江河之流無能禦止其所欲行藝文類聚帝王部引沛作霈

孟子曰無爲其所不爲無欲其所不欲如此而已矣吳辟畺曰孟子論仁事就其良心處作指點此類是也

孟子曰人之有德慧術知者恆存乎疢疾趙曰人所以有德行智慧道術才智者在於有疢疾之人朱曰言人必有疢疾則能動心忍性增益其所不能也孫曰疢丑刃切詩小弁箋曰疢猶病也獨孤臣孽子其操心也危其慮患也深故達朱曰孤臣孽子不得於君親而常有疢疾者也達謂達於事理卽所謂德慧術知也孫曰孽魚列切公羊傳襄二十七年注曰庶孽衆賤子猶樹之有孽生

孟子曰有事君人者事是君則爲容悅者也焦曰呂覽似順篇注

閻生棐達讀樊遲未達之達達猶知也

曰容悅也容悅二字同義相疊爲雙聲後漢書陳蕃傳上疏云臣聞有事社稷者社稷是爲有事人君者容悅是爲亦容悅二字連綴有安社稷臣者・以安社稷爲悅者也・趙曰忠臣志在安社稷而後悅也有天民者・達可行於天下而後行之者也・趙曰天民知道者也可行而行可止而止焦曰伊尹自稱天民之先覺者也則天民指伊尹太公一曰流矣有大人者・正己而物正者也趙曰正己物正象天不言而萬物化成也朱曰此章言人品不同略有四等

孟子曰・君子有三樂・而王天下不與存焉・趙曰天下之樂不得與此三樂之中孫曰樂音洛王于況切與音預父母俱存・兄弟無故・一樂也・仰不愧於天・俯不怍於人・二樂也・得天下英才而教育之・三樂也・趙曰育養也閻曰天下英才極言之非廣言之猶施伯謂管仲曰天下才司馬懿謂諸葛武侯曰天下奇才也云爾君子有三樂・而王天下不與存焉・

措語皆足以滿其道之分量其氣象之磊落亦然

此三句蕩漾

孟子曰廣土衆民君子欲之所樂不存焉朱曰地闢民聚澤可遠施故君子欲之孫曰樂音洛中天下而立定四海之民君子樂之所性不存焉朱曰其道大行無一夫不被其澤故君子樂之君子所性雖大行不加焉雖窮居不損焉分定故也趙曰大行行政於天下窮居不失性也孫曰分扶問切焦曰禮記禮運云故禮達而分定荀子王制篇云分均則不偏分者蓋所受分於道之命也既分得人之性自有人所當為之職分自有人所不易之分主是為分也故曰分定君子所性仁義禮智根於心其生色也睟然見於面盎於背施於四體四體不言而喻趙曰睟然潤澤之貌也孫曰睟丁音粹見音現盎張烏曩切又烏浪切玉篇引孟子曰其色睟然周廣業曰睟然當連上讀是也劉熙釋名釋飲食云盎齊盎滃也說文云泱滃也史記吳世家索隱云泱泱猶汪汪洋洋美盛貌也今案盎與泱通泱又與洋通中庸聲名洋溢乎中國漢書燕王旦傳威武洋溢是盎於背卽溢於背也趙釋施爲流謂流行於四體也廣雅釋言曰喻曉也謂卽此四體人見之而曉喻不俟教

見王道極平易弁非私恩曲信要結人心之術也

令之言也

孟子曰伯夷辟紂居北海之濱聞文王作興曰盍歸乎來吾聞西伯善養老者大公辟紂居東海之濱聞文王作興曰盍歸乎來吾聞西伯善養老者天下有善養老則仁人以爲己歸矣朱曰己歸謂己之所歸五畝之宅樹牆下以桑匹婦蠶之則老者足以衣帛矣五母雞二母彘無失其時老者足以無失肉矣百畝之田匹夫耕之八口之家可以無飢矣趙曰五雞二彘八口之家足以爲畜產之本也阮曰足以無飢矣宋九經本宋本岳本咸淳衢州本孔本韓本考文古本足利本同閩監毛三本誤可今案內府本亦作足所謂西伯善養老者制其田里教之樹畜導其妻子使養其老五十非帛不煖七十非肉不飽不煖不飽謂之凍餒文

水火一喻甚奇收尤雋快極詠歎淫溢之致看其一氣貫注而下而筆筆轉勒提頓最為難得三代上文字所以渾穆樸茂其奧竅在此

通體以譬喻行之筆勢騫舉

王之民無凍餒之老者此之謂也趙曰所謂無凍餒者教導之使可以養老者耳非家賜而人益之也

孟子曰易其田疇薄其稅斂民可使富也趙曰易治也孫曰易以豉切說文曰疇耕治之田也鹽鐵論授時篇曰易其田疇薄其稅斂則民富矣食之以時用之以禮財不可勝用也朱曰教民節儉則財用足也民非水火不生活昏暮叩人之門戶求水火無弗與者至足矣聖人治天下使有菽粟如水火菽粟如水火而民焉有不仁者乎文選任昉為范雲讓封侯表注引聖人下有之字使下無有字鹽鐵論授時篇曰昏暮叩人門戶求水火貪夫不恡夫為政而使菽粟如水火民安有不仁者乎

孟子曰孔子登東山而小魯登太山而小天下故觀於海者難為水遊於聖人之門者難為言朱曰此言聖人之道大也宏明

轉換無迹純以神行

襯切

集宗炳明佛論曰登東山而小魯周廣業曰論又云及其眇邈太蒙之巔而天下與魯俱小此並用孟子文也論語顓臾爲東蒙主注孔云使主祭蒙山也皇侃邢昺二疏並云蒙山在東故云東蒙主魯頌奄有龜蒙毛傳龜山蒙山也東山爲蒙山無疑閻曰蒙山正居魯四境之東一名東山

觀水有術。必觀其瀾。日月有明。容光必照焉。趙曰瀾水中大波也朱曰此言道之有本也觀水之瀾則知其源之有本矣觀日月於容光之隙無不照則知其明之有本矣流水之爲物也。不盈科不行。君子之志於道也。不成章不達。謂本不固則枝葉不茂達者指其外溢而言卽所謂容光必照也

孟子曰。雞鳴而起。孳孳爲善者。舜之徒也。孫曰孳與孜同古字通用說文曰孜孜汲汲也周書曰孜孜無怠雞鳴而起。孳孳爲利者。蹠之徒也。孫曰蹠張云與跖同之石切今案蹠古大盜之通名史記伯夷列傳正義曰蹠黃帝時大盜之名以柳下惠弟爲天下大盜故世放古號之盜蹠漢書賈誼傳注引李奇曰跖秦大盜也是黃帝時及秦魯均有盜蹠也欲知

舜與蹠之分無他利與善之間也

孟子曰楊子取爲我拔一毛而利天下不爲也趙曰楊子楊朱也爲我爲己也拔己一毛以利天下之民不肯爲也孫曰爲我于僞切今案列子楊朱篇載其言曰伯成子高不以一毫利物又禽子問楊朱曰去子體之一毛以濟一世汝爲之乎楊子曰世固非一毛之所濟皆其證呂覽不二篇注引孟子曰陽子拔體一毛以利天下弗爲也淮南俶真篇注曰楊朱其術全性保真雖拔骭一毛而利天下弗爲也又汜論篇注意同墨子兼愛摩頂放踵利天下爲之趙曰墨子墨翟也孫曰放丁方往切至也今案摩與靡通說文曰靡爛也放踵文選江淹上建平王書任昉奏彈曹景宗注引均作致於踵困學紀聞曰今本作放踵又案風俗通十反篇曰墨翟摩頂以放踵楊朱一毫而不爲與孟子同又淮南汜論篇注曰墨翟摩頂放踵而利國者爲之莊子天下篇曰墨子稱道曰禹腓無胈脛無毛沐甚雨櫛疾風使後世之墨者以自苦爲極曰不能如此非禹之道也不足謂墨子莫執中執中爲近之執中無權猶執一也趙曰子莫魯之賢人也朱曰近近道也權所以

楊墨之學非無可採孟子所以闢之特恐其害道耳

無以飢渴爲心害語新而意廣

旨撰語特奇奥

稱物之輕重執中而無權則膠於一定之中而不知變是亦執一而已矣金履祥曰莊子稱儒墨楊秉四秉別無所聞恐即當時子莫執中一家之說今案說苑修文篇有顓孫子莫與曾子同時未知即此子莫否

所惡執一者爲其賊道也舉一而廢百也朱曰賊害也爲我害仁兼愛害義執中者害於時中皆舉一而廢百者也孫曰惡烏路切

孟子曰飢者甘食渴者甘飲是未得飲食之正也飢渴害之也豈惟口腹有飢渴之害人心亦皆有害趙曰爲利欲所害人能無以飢渴之害爲心害則不及人不爲憂矣人能不以利害動其心則不憂不及人矣

孟子曰柳下惠不以三公易其介朱曰柳下惠進不隱賢必以其道遺佚不怨阨窮不憫直道事人至於三黜是其介也孫曰陸云介謂特立之行文選顏延年登巴陵城樓詩注引劉熙注曰介操也

此勗進道之言

孟子曰有爲者辟若掘井掘井九軔而不及泉猶爲棄井也
趙曰軔八尺也雖深而不及泉喻有爲者中道而盡棄前行也孫曰軔丁音忍云義與仞同借用耳先儒以七尺爲仞今案說文曰仞伸臂一尋八尺也書旅獒傳家語致思篇注管子乘馬篇注淮南原道篇注山海經西山經注漢書食貨志注並云八尺曰仞旅獒疏引鄭注儀禮鄉射禮記注禮記祭義注論語子張篇包注呂覽功名篇注淮南覽冥篇注莊子達生篇釋文楚辭招魂注並云七尺曰仞程瑤田通藝錄曰人伸兩手一尋度廣則適得八尺度深則身側臂曲而爲七尺溝通二說其義精矣

孟子曰堯舜性之也湯武身之也五霸假之也
趙曰性之性好仁自然也身之體之行仁視之若身也假之假仁以正諸侯也

久假而不歸惡知其非有也
趙曰五霸若能久假仁義譬若假物久而不歸安知其不真有也朱曰歸還也言竊其名以終身而不自知其非真有孫曰惡音烏吳辟畺曰凡聖功皆以勉強積漸而至趙注云久而不歸安知其不真有其說是也惜五霸之不能耳

詞嚴義正足爲萬世之防

此下二章皆絕英偉

公孫丑曰伊尹曰予不狎予不順放太甲于桐民大悅太甲賢又反之民大悅爾雅釋詁曰狎習也伊尹言太甲所爲不順理義己所不欲習見也賢者之爲人臣也其君不賢則固可放與孫曰與音餘後漢書周章傳注引作故可放與故固字通孟子曰有伊尹之志則可無伊尹之志則篡也趙曰志若伊尹欲寧殷國則可後漢書周章傳論引志作心也作矣又丁鴻傳注引志亦作心

公孫丑曰詩曰不素餐兮君子之不耕而食何也趙曰詩魏國伐檀之篇也無功而食謂之素餐毛傳曰素空也孫曰餐七丹切孟子曰君子居是國也其君用之則安富尊榮其子弟從之則孝弟忠信不素餐兮孰大於是

王子墊問曰士何事趙曰齊王子名墊也孟子曰尚志朱曰尚高尚也曰

句句斷論固精當用筆全用逆折尤奇

所議不必可行而氣象雄駿坦率可愛

何謂尚志曰仁義而已矣殺一無罪非仁也非其有而取之非義也居惡在仁是也路惡在義是也居仁由義大人之事備矣孫曰惡音烏

孟子曰仲子不義與之齊國而弗受人皆信之是舍簞食豆羹之義也人莫大焉亡親戚君臣上下以其小者信其大者奚可哉趙曰仲子陳仲子處於陵者今案不義與之齊國假設之辭舍簞食豆羹之義言小廉也王引之曰焉猶於也言人莫大於無親戚君臣上下也

桃應問曰舜爲天子皐陶爲士瞽瞍殺人則如之何趙曰桃應孟子弟子今案史記五帝本紀集解引馬融曰士獄官之長禮記月令鄭注曰有虞氏曰士夏曰大理周曰大司寇桃應設問瞽瞍殺人皐陶爲獄官之長主執罪人者也則將如之何孟子曰執之而已矣朱曰言皐陶之心知有法而已不知有天子之父也今案古人執法精神於斯可見然則舜

起首一歎無端而來神氣極爲妙遠況居天下之廣居者乎一句拍合末段比例好正意全未露出止天下廣居一句微微拍合末段又說開了凡古人高文皆如此微情眇旨所寄須於筆墨之外求之

不禁與曰夫舜惡得而禁之夫有所受之也朱曰言皋陶之法有所傳授非所敢私雖天子之命亦不得而廢之也今案古人執法精神於斯可見然則舜如之何朱曰桃應問也曰舜視棄天下猶棄敝蹝也竊負而逃遵海濱而處終身訢然樂而忘天下趙曰舜視棄天下如捐棄敝蹝蹝草履可蹝者也敝喻不惜孫曰蹝所綺切訢音忻莊子讓王篇釋文引李頤曰縱履謂履無跟也縱蹝字同史記萬石君傳集解引晉灼曰訢許慎曰古欣字

孟子自范之齊望見齊王之子喟然歎曰居移氣養移體大哉居乎夫非盡人之子與趙曰范齊邑王庶子所封食也朱曰居謂所處之位閻曰今東昌府濮州范縣本春秋晉大夫士會邑孟子時則屬齊今案孟子言居移人氣志使之高明猶養移人身體使之充盛也王子亦人之子耳特以所居不同故其氣志亦異也孟子曰王子宮室車馬衣服多與人同而王子若彼者其居使之然也

多精造語

況居天下之廣居者乎。朱曰孟子曰張鄒皆云羨文也今案張謂張栻鄒謂鄒浩魯君之宋呼於垤澤之門守者曰此非吾君也何其聲之似我君也此無他居相似也。趙曰垤澤宋城門名也孫曰垤大結切閭曰垤澤即襄十七年築者謳曰之澤門杜氏注宋東城南門是也宋翔鳳曰睢陽故城在今河南商邱縣南東南門曰垤澤門徐鼒讀書雜釋曰呼於門是呵護傳呼來於垤澤之門呵護傳呼之聲者習聞之今魯君至宋門亦傳呼而入故守者因有似我君之言孟子引之以明居相似耳

孟子曰食而弗愛豕交之也愛而不敬獸畜之也孫曰食丁音嗣畜張許六切呂覽知士篇注曰交接也恭敬者幣之未將者也恭敬而無實君子不可虛拘。俞曰此承上文而更進一義言食而弗愛愛而弗敬固不可矣然恭敬亦不可以無實故曰恭敬者幣之未將者也言未以幣交之時有此恭敬之心已足多矣若既以幣交則當用其言行其道告子篇曰迎之致敬以有禮所謂恭敬也禮貌未衰言弗行也則恭敬而無實矣君子不可虛

藹然仁義之心溢於紙上醇粹通達禮家精詣引喻精切

拘故去之也吳辟疊曰拘猶羈縻也

孟子曰形色天性也惟聖人然後可以踐形焦曰此言人性之善異乎禽獸也形色即是天性禽獸之形色不同乎人故禽獸之性不同乎人惟其為人之形人之色所以為人之性聖人盡人之性正所以踐人之形也

齊宣王欲短喪公孫丑曰為朞之喪猶愈於已乎齊宣王以三年之喪為太久欲減而短之公孫丑因感而有問也孟子曰是猶或紾其兄之臂子謂之姑徐徐云爾亦教之孝弟而已矣趙曰紾戾也孟子言有人戾其兄之臂而子謂之曰且徐徐云爾是豈以徐之為差者乎不若教之以孝悌勿復戾其兄之臂也今欲其行朞喪亦猶曰徐徐之類也阮曰悌石經宋本孔本韓本同閩監毛三本作弟今案內府本亦作悌王子有其母死者其傅為之請數月之喪公孫丑曰若此者何如也儀禮喪服篇曰疏衰裳齊牡麻絰冠布纓削杖布帶疏屨期者父在為母傳曰何以期也

屈也至尊在不敢伸其私尊也又記曰公子爲其母練冠麻麻衣縓緣既葬除之傳曰何以不在五服之中也君之所不服子亦不敢服也注曰諸侯之妾貴者視卿賤者視大夫皆三月而葬是父在子爲母期庶子爲其母三月既葬則除之厭於父也趙謂厭於適夫人非是焦曰其傳請數月之喪卽此三月既葬而除之喪今案既葬而除之服禮有定制當無庸請經言數月似非三月所限故下文雖加一日愈於已蓋戰國時各國禮制閔有不同不能盡符儀禮如三年之喪滕且謂先君未之行可證也曰是欲終之而不可得者也雖加一日愈於已謂夫莫之禁而弗爲者也朱曰言王子欲終喪而不可得雖止得加一日猶勝不加我前所譏乃謂夫莫之禁而自不爲者耳

孟子曰君子之所以教者五有如時雨化之者有成德者有達財者朱曰財與材同孫曰陸云達財周恤之一本作才說云以有善才就開其性理也今案材財古字通假有答問者有私淑艾者趙曰淑善艾治也朱曰人或不能及門受業但聞君子之道於人而竊以善治其身是亦君子教誨之所及也孫曰艾丁音刈此五者君子

軒昂儁偉

此亦有爲而言

之所以教也

公孫丑曰道則高矣美矣宜若登天然似不可及也何不使彼爲可幾及而日孶孶也丑以孟子立教過高如天之不可幾及欲使稍貶下以便學者孫曰幾音機

孟子曰大匠不爲拙工改廢繩墨羿不爲拙射變其彀率孫曰陸云率法也讀爲律焦曰禮記緇衣引太甲曰若虞機張往省括於厥度則釋注云機弩牙也度謂所擬射也淮南覽冥訓注云律度也律與率同孟子所云率卽省括於度之度也

君子引而不發躍如也中道而立能者從之孫曰陸云躍如心願中焦曰淮南說林註注云引張弓也躍如猶云躍躍爾雅釋訓躍躍迅也言手雖不發心則躍躍疾去也今案孟子言君子教人如射人教射引弓而不發矢心則躍躍赴於彀所謂必志於彀也

孟子曰天下有道以道殉身天下無道以身殉道未聞以道殉乎人者也趙曰殉從也朱曰以道從人妾婦之道

言理之文必有此筆力而後不流於腐

公都子曰滕更之在門也若在所禮而不答何也趙曰滕更滕君之弟來學於孟子者也言國君之弟而樂在門人中宜答見禮而夫子不答何也孫曰更張音庚孟子曰挾貴而問挾賢而問挾長而問挾有勳勞而問挾故而問皆所不答也滕更有二焉挾故挾己與師有故舊之好也趙曰凡恃此五者而以學問望師之待以異意而教之皆所不當答滕更有二焉挾貴挾賢故不答矣

孟子曰於不可已而已者無所不已於所厚者薄無所不薄也朱曰已止也此言不及者之弊翟曰風俗通十反引傳曰於所厚者薄則無所不薄矣其進銳者其退速朱曰進銳者用心太過其氣易衰故退速

孟子曰君子之於物也愛之而弗仁於民也仁之而弗親趙曰物謂凡物可以養人者也當愛育之而不加之仁若犧牲不得不殺也親親而仁民仁民而愛物朱引楊氏曰其分不同故所施不能無差等朱彝尊經義考曰楊時孟子義未見

此見聖賢處事制物之義收引喻亦精

孟子曰知者無不知也當務之爲急仁者無不愛也急親賢之爲務朱曰當務爲急則事無不治急於親賢則恩無不洽孫曰知者音智堯舜之知而不徧物急先務也堯舜之仁不徧愛人急親賢也趙曰物事也堯舜不徧知百工之事焦曰百工百官也吳辟疆曰此釋孔子博施濟衆堯舜猶病之義不能三年之喪而緦小功之察放飯流歠而問無齒決是之謂不知務趙曰放飯大飯也流歠長歠也朱曰三年之喪服之重者也緦麻三月小功五月服之輕者也放飯流歠不敬之大者也齒決不敬之小者也今案禮記曲禮曰毋放飯毋流歠注曰毋流歠者謂開口大歠汁入口如水流又濡肉齒決乾肉不齒決注曰乾肉脯屬也堅肕不可齒決斷之故須用手擘而食之說文曰察覆審也禮器注曰察分辨也吳辟疆曰問亦察也

孟子曰不仁哉梁惠王也仁者以其所愛及其所不愛不仁者以其所不愛及其所愛朱曰親親而仁民仁民而愛物所謂以其所愛

及其所不愛也公孫丑曰何謂也梁惠王以土地之故糜爛其民而戰之大敗將復之恐其不勝故驅其所愛子弟以殉之是之謂以其所不愛及其所愛也朱曰梁惠王以下孟子答辭也今案說文曰爢爛也楚辭招魂注曰爢碎也糜與爢通史記魏世家曰惠王三十年使龐涓將而令太子申爲上將軍與齊人戰敗於馬陵齊虜魏太子申殺將軍涓軍遂大破所謂驅其所愛子弟以殉之謂此事也

孟子曰春秋無義戰彼善於此則有之矣春秋繁露竹林篇曰夫德不足以親近而文不足以來遠而斷斷以戰伐爲之者此固春秋之所甚疾已皆非義也又曰春秋之於偏戰也比之詐戰則謂之義比之不戰則謂之不義不義之中有義義之中有不義辭不能及皆在於指非精心達思者其孰能知之可與孟子無義戰之旨相發明征者上伐下也敵國不相征也諸侯相征爲王者之法所不許故曰春秋無義戰

孟子曰盡信書則不如無書吾於武成取二三策而已

此章義與前章互相發明

矣。趙曰武成逸書之篇名取兩三簡策可用者耳其過辭則不取也今案過辭過當之辭也書序曰武王伐殷往伐歸獸識其政事作武成鄭注曰武成逸書建武之際亡禮記曲禮釋文曰筴編簡也策筴字通皆冊之借字耳論衡語增篇引作取二三策耳 仁人無敵於天下。以至仁伐至不仁。而何其血之流杵也。朱曰杵舂杵也或作鹵楯也今案秦策曰血流漂鹵史記始皇本紀載賈生過秦曰流血漂鹵蓋朱子所見孟子本亦有作鹵者論衡語增篇引伐不仁無至字而作如又藝增篇曰夫武成之篇言武王伐紂血流浮杵助戰者多故至血流如此皆欲紂之亡也土崩瓦解安肯戰乎武成言血流浮杵亦太過焉死者血流安能浮杵按武王伐紂於牧之野河北地高壤靡不乾燥兵頓血流輒燥入土安得杵浮且周殷士卒皆賫盛糧無杵臼之事安得杵而浮之可與孟子之言相發明

孟子曰。有人曰。我善為陳。我善為戰。大罪也。國君好仁。天下無敵焉。南面而征。北狄怨。東面而征。西夷怨。曰奚為後我。孫曰陳音陣好呼報切今案說文曰敶列也俗字作陣經傳以陳為之阮曰北夷宋本孔本韓

此尚書逸文古樸可愛

本同閩監毛三本夷作狄石經此字漫漶僞疏引亦作北夷作夷是也今案內府本亦作夷武王之伐殷也革車三百兩虎賁三千人王曰無畏寧爾也非敵百姓也若崩厥角稽首趙曰革車兵車也虎賁武士爲小臣者也書云虎賁贅衣趣馬小尹三百兩三百乘也武王令殷人曰無驚畏我來安止爾也百姓歸周若崩厥角頟角犀厥地稽首拜命亦以首至地也孫曰兩丁音亮賁丁音奔先儒言如猛虎之奔今案魏策趙策蘇秦並言武王卒三千人呂覽簡選篇曰武王虎賁三千人與孟子合書牧誓序曰虎賁三百人風俗通皇霸篇曰虎賁八百人墨子明鬼篇曰擇車百兩虎賁之卒四百人周書克殷篇曰周車三百五十乘蓋皆傳聞之異辭也焦曰贅衣立政作綴衣綴贅古字通漢書諸侯王表厥角𩕄首應劭曰厥者頓也角者頟角也稽首首至地也邱遲與陳伯之書𩕄角受化李善注引此文趙注云以額角犀厥地也增以也二字義尤明暢羽獵賦應劭亦云𩕄頓也是厥與𩕄古字通今案山海經海外北經郭注引孟子若崩厥角稽首說文曰崩山壞也蓋商衆聞武王之言無不厥角稽首若山之崩極言其衆也征之爲言正也各欲正己也焉用戰孫曰焉於

能以淡筆形容盡極舜之分際最徵學力

虞切今案言民各欲仁君來正己之國安用善戰陳者

孟子曰梓匠輪輿能與人規矩不能使人巧吴辟畺曰規矩成法巧則視其人之天能也

孟子曰舜之飯糗茹草也若將終身焉及其爲天子也被袗衣鼓琴二女果若固有之趙曰糗飯乾糒也舜耕陶之時飯糗茹草若將終身如是及爲天子亦不佚豫如固自當有之也朱曰言聖人之心不以貧賤而有慕於外不以富貴而有動於中孫曰糗去久切茹音汝今案說文曰飯食也方言曰茹食也爾雅釋言注曰今俗呼能麤食者爲茹史記陳丞相世家曰更以惡草具進集解引漢書音義曰草粗也又范睢傳曰索隱曰草具謂麤食草萊之饌具也五帝本紀曰堯賜舜絺衣與琴任大椿深衣釋例曰袗衣卽絺衣孔廣森曰義如袗絺綌之袗焦曰絺綌爲袗故謂之袗衣錢大昕養新錄引梁同書曰三國志魏文帝紀注有云舜承堯禪被珍裘妻二女若固有之袗衣當是珍裘也今案說文曰女侍曰婐引孟子舜爲天子二女婐今作果蓋卽婐之假借字

特識精理

孟子曰吾今而後知殺人親之重也殺人之父人亦殺其父殺人之兄人亦殺其兄然則非自殺之也一閒耳孫曰閒張音澗吳辟疊曰一閒者言相去無幾與自殺其親無異也

孟子曰古之爲關也將以禦暴今之爲關也將以爲暴趙曰古之爲關將以禦暴亂譏閉非常也今之爲關反以征稅出入之人將以爲暴虐之道也

孟子曰身不行道不行於妻子使人不以道不能行於妻子趙曰言率人之道躬行爲首論語曰其身不正雖令不從

孟子曰周於利者凶年不能殺周於德者邪世不能亂朱曰周足也言積之厚則用有餘

孟子曰好名之人能讓千乘之國苟非其人簞食豆羹見於色朱曰好名之人矯情干譽是以能讓千乘之國然若本非能輕富貴之人則於得失之小者反

此孟子超越古今絕大學識視盧梭彌勒諸賢上下千年東西萬里若合符節所以為亞聖也中國自秦以降困於君主專制二千餘年以婀為道德諂媚為政體載籍所陳自孟子而外蓋鮮有論及此者乃知孟子之學所以維繫世宙者至鉅也

不覺其真情發見矣蓋觀人不於其所勉而於其所忽然後可以見其所安之實也孫曰見音現

孟子曰。不信仁賢。則國空虛。無禮義。則上下亂。無政事。則財用不足。趙曰不親信仁賢仁賢去之國無賢人則空虛也無禮義以正尊卑則上下之敘泯亂朱曰生之無道取之無度用之無節故財用不足

孟子曰。不仁而得國者有之矣。不仁而得天下未之有也。朱曰言不仁之人騁其私智可以盜千乘之國而不可以得邱民之心

孟子曰。民為貴。社稷次之。君為輕。白虎通社稷篇曰王者所以有社稷何為天下求福報功人非土不立非穀不食土地廣博不可徧敬也五穀衆多不可一一而祭也故封土立社示有土也稷五穀之長故立稷而祭之也是故得乎丘民而為天子。得乎天子為諸侯。得乎諸侯為大夫。朱曰是民為重也廣雅釋詁曰邱衆也王念孫曰莊子則陽篇云邱里者合十姓百名以為風俗也釋名云四邑為邱邱聚也皆衆之義也諸侯危社稷

一起唱歎得神後半流連反覆與會淋漓讀之使人軒昂鼓舞昌黎作柳子厚墓銘薦侯喜狀諸篇皆從此出

妙處全在收筆掉轉精神自爾百倍

則變置朱曰諸侯無道將使社稷爲人所滅則當更立賢君是君輕於社稷也犧牲既成粢盛既潔祭祀以時然而旱乾水溢則變置社稷趙曰犧牲已成肥腯稻粱已成絜精祭祀社稷常以春秋之時然而其國有旱乾水溢之災則毀社稷而更置也朱曰是社稷雖重於君而輕於民也舊疏曰自顓頊以來用句龍爲社柱爲稷及湯之旱以棄易柱全祖望曰古人之加罰於社稷有三等年不順成八蜡不通乃暫停其祭是罰之輕者又甚則遷其壇壝之地罰稍重矣又甚則更其配食之神罰最重然亦未嘗輕舉此禮蓋變置至神示所關重大故自湯而後罕有行者

孟子曰聖人百世之師也伯夷柳下惠是也故聞伯夷之風者頑夫廉懦夫有立志聞柳下惠之風者薄夫敦鄙夫寬奮乎百世之上百世之下聞者莫不興起也非聖人而能若是乎而況於親炙之者乎趙曰非聖人之行何能感人若是論聞尚然況於親見熏炙者乎論衡知實篇引百世之下聞之者莫不興起非聖而若是乎而況親炙之乎

漢書王貢等傳序引孟子云聞伯夷之風者貪夫廉懦夫有立志奮乎百世之上行乎百世之下莫不興起非聖人而能若是乎蓋取其意而不泥定其文也古人引書之例恆如此

孟子曰。仁也者人也。合而言之道也。朱曰以仁之理合於人之身而言之乃所謂道者也程子曰中庸所謂率性之道是也

孟子曰。孔子之去魯。曰遲遲吾行也。去父母國之道也。去齊接淅而行。去他國之道也。朱曰重出閻曰此章不宜云重出去他國之道也句萬章篇所無吳辟畺曰此章乃孟子本文前伯夷章乃後人增入者也

孟子曰。君子之戹於陳蔡之閒。無上下之交也。趙曰君子孔子也孔子所以戹於陳蔡之閒者其國君臣皆惡上下無所交接故戹也孫曰戹或作厄同今案史記孔子世家曰孔子在陳蔡之閒楚使人聘孔子孔子將往拜禮陳蔡大夫謀相與發徒役圍孔子於野不得行絕糧卽其事也

貉稽曰稽大不理於口。趙曰貉姓稽名孫曰貉丁云貉鶴二音既是人姓當音鶴纂文曰俗人姓也吳辟疊曰不理於口言衆人譏訕不能自理也孟子曰無傷也士憎茲多口。趙以憎爲增之假借字故訓爲益朱註亦謂憎當從土而荅余正甫書則謂下文引詩皆有慍字又似解憎爲憎惡之意今案後一說是石渠意見補缺曰士多爲衆口所憎惡得之矣詩云憂心悄悄慍于羣小孔子也。趙曰詩邶風柏舟之篇毛傳曰慍怒也悄悄憂貌朱曰本言衛之仁人見怒於羣小孟子以爲孔子之事可以當之肆不殄厥慍亦不殞厥問文王也。趙曰大雅緜之篇殄絕也殞失也言文王不殄絕畎夷之慍怒亦不能殞失文王之善聲問也毛傳曰肆故也阮曰殞宋九經本岳本咸淳衢州本考文古本同閩監毛三本韓本作隕

孟子曰賢者以其昭昭使人昭昭今以其昬昬使人昭昭。趙曰賢者治國法度昭昭明於道德是躬化之道可也今之治國法度昬昬亂潰之政也身不能治而欲使他人昭明不可得也楚辭九歌注曰昭昭明也呂覽有度篇注曰昬闇也

孟子謂高子曰山徑之蹊閒介然用之而成路爲閒不用則茅塞之矣今茅塞子之心矣趙曰高子齊人也嘗學於孟子鄉道而未明去而學於他術爲閒有閒也謂廢而不用則茅草生而塞之不復爲路以喻高子學於仁義之道當遂行之而反中止也今案法言吾子篇曰山𡉏之蹊不可勝由矣注曰𡉏谷也廣雅釋山云陘阪也徑與𡉏陘字並通禮記月令塞徯徑注曰徯徑禽獸之道也呂覽孟冬紀淮南時則篇並作蹊徑趙佑曰山徑之蹊閒謂小道叢雜處介然用之謂人力闢除之荀子脩身篇云介然必以自好也注云介然堅固貌漢書律歷志云介然有常注云介然特異之意說文云介畫也蹊無一定之迹則不可以成路今介然專行一路特而不散自畫而不亂此蹊閒所以能成路也方言云用行也介然用之卽介然行之爲閒不用卽爲閒不行左傳昭公十三年注云閒隙也大抵閒爲隔別之意又案孔廣森曰馬融長笛賦云閒介無蹊似古讀有以閒介絕句者閒介卽隔絕之意其說亦通

高子曰禹之聲尚文王之聲朱曰尚加尚也又引豐氏曰言禹之樂過於文王之

樂蔡模孟子集疏曰豐氏名稷孟子曰何以言之曰以追蠡趙曰追鐘紐也鈕擘齧處深矣蠡蠡欲絕之貌也朱註引豐氏曰言禹時鐘在者鐘紐欲絕蓋用之者多而文王之鐘不然是以知禹之樂過於文王之樂也孫曰追音堆蠡音禮今案追蓋縋之借字說文曰縋以繩有所縣也紐蠡所以縣故謂之縋段玉裁曰劙之言賛也如刀之賛物楚辭覽茝圖之蠡蠡又借爲禾黍離離字趙注蠡蠡欲絕之貌此又以蠡同離同劙方言曰劙解也又曰蠡分也皆其義也曰是奚足哉城門之軌兩馬之力與趙曰先代之樂器後王皆用之禹在文王之前千有餘歲用鐘日久故追欲絕耳譬若城門之軌齧其限切深者用之多耳豈兩馬之力使之然與朱引豐氏曰奚足言此何足以知之也兩馬一車所駕也城中之涂容九軌車可散行故其轍迹淺城門惟容一車車皆由之故其轍迹深蓋日久車多所致非一車兩馬之力能使之然也曹之升四書摭餘說曰古駕車之法夏駕二馬謂之麗殷駕三馬謂之驂周自天子至大夫皆駕四馬謂之駟孟子蓋謂城門之軌道止一達禹以來閱千八百年於茲殷驂周駟皆行此門而謂門限切深猶是夏時兩馬之力與今案夏麗殷驂周駟云云見毛詩干旄疏引王肅說

通體引喻正面不著一字文勢峻絕

齊饑陳臻曰國人皆以夫子將復爲發棠殆不可復趙曰棠齊邑也孟子嘗勸王發棠邑之倉以振貧窮時人賴之今齊人復饑陳臻言一國之人皆以爲夫子復若發棠時勸王也殆不可復言之也左傳襄二年注曰棠萊邑也北海即墨縣有棠縣閭曰齊滅萊邑故爲齊有今即墨縣甘棠鄉孟子曰是爲馮婦也晉人有馮婦者善搏虎卒爲善士則之野有衆逐虎虎負嵎莫之敢攖望見馮婦趨而迎之馮婦攘臂下車衆皆悅之其爲士者笑之趙曰馮姓婦名也攖迫也虎依陬而怒無敢迫近者也攘臂下車欲復搏之衆人悅其勇猛其士之黨笑其不知止也孟子謂陳臻今欲復使我如發棠時言之於君是則我爲馮婦必爲知者所笑也劉昌詩蘆浦筆記曰味此段之言合以卒爲善爲一句士則之爲一句野有衆逐虎爲之一句蓋有搏虎之勇而卒能爲善士故士以爲則及其不知止則士以爲笑也周密志雅堂雜抄曰一本以善字之字點句前云士則之後云其爲士者笑之文義相屬於章旨亦合翟日太平御覽引有衆逐虎上連野字爲句更可證蘆浦之讀先著於北宋初今案御覽

孟子力主性善後之說者多以爲疑不知其持論通達無礙如此

數語體道極精

見人事部又後漢書馬融傳廣成頌曰負隅依阻注引此文嵎作隅說文曰隅陬也

孟子曰口之於味也目之於色也耳之於聲也鼻之於臭也四肢之於安佚也性也有命焉君子不謂性也趙曰不以性欲而苟求之故君子不謂性也仁之於父子也義之於君臣也禮之於賓主也知之於賢者也聖人之於天道也命也有性焉君子不謂命也朱引程子曰賦於命者所稟有厚薄清濁然而性善可學而盡故不謂之命也或曰者當作否人衍字孫曰知音智阮曰知宋本岳本孔本韓本同閩監毛三本作智孔本焉作也

浩生不害問曰樂正子何人也孟子曰善人也信人也趙曰浩生姓不害名齊人也何謂善何謂信朱曰不害問也曰可欲之謂善焦曰呂氏春秋長攻篇高誘注云善好也善可欲卽可好其人可好自爲善人也有諸己之謂信朱曰凡所謂善皆實有之如惡惡臭如好好色則可謂信人矣充實之謂美朱曰力行其善

起勢甚橫收勢甚陡絕大議論質直數語絕不裝飾筆力廉悍絕此見聖學之恕

至於充滿而積實則美在其中而無待於外矣充實而有光輝之謂大朱曰和順積中而英華發外美在其中而暢於四支發於事業則德業至盛而不可加矣大而化之之謂聖朱曰大而能化則不思不勉從容中道而非人力之所能為矣聖而不可知之之謂神朱引程子曰聖不可知謂聖之至妙人所不能測非聖人以上又有一等神人也樂正子二之中四之下也趙曰樂正子善信在二者之中四者之下也

孟子曰逃墨必歸於楊逃楊必歸於儒歸斯受之而已矣逃墨歸楊逃楊歸儒蓋舉此以例彼非謂楊之近於儒也古人立言此例甚多不可拘泥今之與楊墨辯者如追放豚既入其苙又從而招之趙曰苙蘭也招罥也今之與楊墨辯爭道者譬如追放逸之豕豚追而還之入蘭則可又從而罥之大甚朱曰言彼既來歸而又追咎其既往之失也孫曰苙丁音立欄也圈也蘭與欄字同罥消究切謂羈其足也

孟子曰有布縷之征粟米之征力役之征君子用其一

縷其二用其二而民有殍用其三而父子離朱曰征賦之法歲有常數然布縷取之於夏粟米取之於秋力役取之於冬當各以其時若幷取之則民力有所不堪矣趙順孫四書纂疏曰問夏秋之說始出於唐不知何據而云永嘉陳氏曰月令孟夏蠶畢而獻繭稅孟秋農乃登穀始收穀布縷征之夏粟米征之秋乃古法詹道傳四書纂箋曰古者三時不害於農繭詩云我稼既同上入執公宮故力役取之於冬孫曰殍皮表切

孟子曰諸侯之寶三土地人民政事寶珠玉者殃必及身孟子以土地人民政事爲諸侯之寶與近世以土地人民統治權釋國家者其義暗合理之至者中西無異此不過一例耳

盆成括仕於齊孟子曰死矣盆成括趙曰盆成姓括名也嘗欲學於孟子問道未達而去後仕於齊孟子聞而嗟歎曰死矣盆成括知其必死今案此與晏子春秋外篇所稱之盆成括非一人

盆成括見殺門人問曰夫子何以知其將見殺曰

其爲人也小有才未聞君子之大道也則足以殺其軀而已矣

孟子之滕館於上宮趙曰館舍也焦曰呂氏春秋必已篇高誘注云舍止也又知士篇靜郭君善劇貌辯於是舍之上舍注云上舍甲第也此上宮當如上舍謂上等之館舍也有業屨於牖上館人求之弗得趙曰屨扉屨也業織之有次業而未成也置之窗牖之上客到之後求之不得或問之曰若是乎從者之廋也趙曰廋匿也孫曰從才用切廋或作廋同音搜阮曰廋閩監毛三本孔本韓本同廖本作庾今案也讀若邪曰子以是爲竊屨來與曰殆非也夫予之設科也往者不追來者不拒苟以是心至斯受之而已矣以上皆孟子之言俞曰予以是爲竊屨來與曰殆非也乃自問而自答之詞告子篇爲是其志弗若與曰非然也文法正同今案俞說是也夫予今本誤作夫子阮曰宋本岳本廖本孔本韓本作予注云夫我設教授之科踈亦云夫我之設科以教人則作予是也今從之內府本

談理精妙仁義事極重大孟子獨易言之乃復愜當人心如此所以爲百世師也士未可以言以下餘意

亦作予孟子蓋謂從者固非爲竊屨而來然我之設科以待學者苟以問道之心而來則受之亦不能保其無竊屨之事詞似謙抑意則諧謔而或人妄爲逆億可使自悟其非若以殆非也以下爲或人之言則全失語妙矣阮曰拒閩監毛三本孔本韓本同宋九經本宋本岳本咸淳衢州本廖本作距今案內府本作距

孟子曰人皆有所不忍達之於其所忍仁也人皆有所不爲達之於其所爲義也人能充無欲害人之心而仁不可勝用也人能充無穿窬之心而義不可勝用也說文曰窬穿木戶也禮記儒行華門圭窬注曰門旁窬也吳辟疊曰穿穿窬卽穿穴也孟子之言道平易近人如此阮曰窬閩監毛三本同宋九經本岳本咸淳衢州本孔本韓本作踰今案內府本亦作踰人能充無受爾汝之實無所往而不爲義也朱曰此申說上文充無穿窬之心之意也蓋爾汝人所輕賤之稱人雖或有所貪昧隱忍而甘受之者然其中心必有慚忿而不肯受之之實人能卽此而推之使其充滿而無所虧缺則無適而非義矣阮曰廖本汝作女士未可以言而言是

精語足以達難顯之情

所謂人之患在好爲人師者正是此指

以言餂之也可以言而不言是以不言餂之也是皆穿窬之類也（趙曰餂取也朱曰便佞隱默皆有意探取於人是亦穿窬之類然其事隱微人所忽易故特舉以見例明必推無穿窬之心以達於此而悉去之然後爲能充其無穿窬之心也孫曰丁曰字書及諸書並無此餂字郭璞方言注云音忝謂挑取物也其字從金今此字從食與方言不同蓋傳寫誤也本亦作銛奴兼切今案餂爲甜之俗字而以舌取物之字本作因此當依丁公著說作餂以符方言爲是）

孟子曰言近而指遠者善言也守約而施博者善道也（說文曰恉意也指與恉通假）君子之言也不下帶而道存焉（朱曰古人視不下於帶舉目前之近事而至理存焉所以爲言近而指遠也）君子之守修其身而天下平（朱曰此所謂守約而施博也）人病舍其田而芸人之田所求於人者重而所以自任者輕（朱曰此言不守約而務施博之病舍音捨）

孟子曰堯舜性者也湯武反之也（朱曰性者德全於天不假脩爲聖之至也）

此皆道德之腴溢而爲文字者誠於中形於外不可以僞爲者也

反之者脩爲以復其性而至於聖人也**動容周旋中禮者盛德之至也哭死而哀非爲生者也經德不回非以干祿也言語必信非以正行也**趙曰經行也體德之人行其節操自不回邪非以求祿位也庸言必信非必欲以正行爲名也俞曰干祿二字見於詩子張學干祿孔子不斥其非且告以干祿之道曰言寡尤行寡悔祿在其中矣然則經德不回以之干祿言語必信以之正行此學者之常事若夫經德不回而非以干祿言語必信而非以正行則盛德之至非聖人不能矣三代以下儒者恥言干祿遂覺正行與干祿不可竝論乃謂其欲以正行爲名非古義也**君子行法以俟命而已矣**朱曰法者天理之當然者也君子行之而吉凶禍福有所不計蓋雖未至於自然而已非有所爲而爲矣此反之之事也

氣象英偉亦浩然之氣之一端也

孟子曰說大人則藐之勿視其巍巍然趙曰大人謂當時之尊貴者也孫曰說音稅藐丁音邈藐然輕易之貌又音眇巍魏音巍丁云當作巍巍阮曰巍巍閩監毛三本同廖本孔本韓本作魏焦曰史記晉世家集解引服虔云魏魏喻巍巍高大也魏魏卽巍巍古或省山作魏**堂高數仞**

所言至約而切近精微他人千萬言不能逮也蓋孟子質性高明而見道深邃故其所流露皆如此

榱題數尺我得志弗爲也孫曰榱丁楚危切淮南本經篇注曰榱椽也題頭也食前方丈侍妾數百人我得志弗爲也趙曰極五味之饌食列於前方一丈般樂飲酒驅騁田獵後車千乘我得志弗爲也趙曰般大也孫曰般音盤樂音洛在彼者皆我所不爲也在我者皆古之制也吾何畏彼哉

孟子曰養心莫善於寡欲其爲人也寡欲雖有不存焉者寡矣其爲人也多欲雖有存焉者寡矣朱曰欲如口鼻耳目四支之欲雖人之所不能無然多而不節未有不失其本心者學者所當深戒也

曾皙嗜羊棗而曾子不忍食羊棗趙曰曾子以父嗜羊棗父沒之後惟念其親不復食羊棗故身不忍食也爾雅釋木曰遵羊棗郭注曰實小而圓紫黑色今俗呼之爲羊矢棗公孫丑問曰膾炙與羊棗孰美孟子曰膾炙哉孫曰炙之夜切禮記少儀

章法極變化中閒就鄉原穿插狂獧有致孔子曰以下專斥鄉原而文勢排奡神氣迴合收極正大亦絕有力

曰牛羊魚之腥聶而切之爲膾詩楚茨毛傳曰炙炙肉也公孫丑曰然則曾子何爲食膾炙而不食羊棗曰膾炙所同也羊棗所獨也諱名不諱姓姓所同也名所獨也趙曰孟子言膾炙雖美人所同嗜曾子父嗜羊棗耳故曾子不忍食也譬如諱君父之名不諱其姓姓與族同之名所獨也故諱之也

萬章問曰孔子在陳曰盍歸乎來吾黨之士狂簡進取不忘其初孔子在陳何思魯之狂士趙曰孔子戹陳歎息思歸欲見其鄉黨之士也簡大也朱曰狂簡謂志大而略於事不忘其初謂不能改其舊也王引之曰來語助也阮曰吾黨之小子閩監毛三本同宋本孔本韓本作士孟子曰孔子不得中道而與之必也狂獧乎狂者進取獧者有所不爲也孔子豈不欲中道哉不可必得故思其次也孫曰獧丁音絹與狷同今案中道即論語之中行也獧論語作狷獧狷皆懁之借字阮曰狷各本作獧敢問何如斯可謂狂矣朱曰萬章

品差狂獧鄉原皆極精切筆情之妙非後人所有

問曰如琴張曾晳牧皮者孔子之所謂狂矣趙曰琴張子張也又善鼓琴號曰琴張今案左傳昭二十年云琴張聞宗魯死將往弔之疏曰賈逵鄭衆皆以爲子張即顓孫師此趙所本又引服虔曰案七十子傳子張少孔子四十餘歲孔子是時四十知未有子張是服已疑之矣杜注曰琴張孔子弟子字子開名牢本家語然僞書亦不足信莊子大宗師篇子桑戶孟子反子琴張三人相與友俞曰疑名張字子琴而姓氏不傳古人名字竝傳皆先字後名故曰子琴張亦曰琴張也又案牧皮未詳何以謂之狂也朱曰萬章問曰其志嘐嘐然曰古之人古之人夷考其行而不掩焉者也趙曰嘐嘐志大言大者也重言古之人欲慕之也考察其行不能掩覆其言是其狂也孫曰嘐火包切說文曰嘐誇語也王引之曰夷語助也狂者又不可得欲得不屑不絜之士而與之是獧也是又其次也朱曰此解所以思得獧者之意孔子曰過我門而不入我室我不憾焉者其惟鄉原乎鄉原德之賊也曰何如斯可謂之鄉原矣

筆意谿刻曲盡不爲激論切言使人自曉太史公慣用此法

朱曰原與愿同鄉里所謂愿人謂之鄉原孔子以其不見親就爲幸深惡而痛絕之也萬章又引孔子之言而問也曰何以是嘐嘐也言不顧行行不顧言則曰古之人古之人行何爲踽踽涼涼生斯世也爲斯世也善斯可矣閹然媚於世也者是鄉原也朱曰鄉原譏狂者曰何用此嘐嘐然行不掩其言而徒每事必稱古人邪又譏獧者曰何必如此踽踽涼涼無所親厚哉使當世之人皆以爲善則可矣此鄉原之志也閹如奄人之奄閹媚求悅於人也孫曰張云何爲于偽切踽俱禹切爲又如字閹音奄今案詩杕杜毛傳曰踽踽無所親也說文曰涼薄也閹然柔媚之意也萬章曰一鄉皆稱原人焉無所往而不爲原人孔子以爲德之賊何哉阮曰萬子朱注本作萬章誤翟曰宋本舊趙注本注疏本此萬章俱爲萬子今案內府本亦作萬子曰非之無舉也刺之無刺也同乎流俗合乎汙世居之似忠信行之似廉絜衆皆悅之自以爲是而不可與入堯舜之道故曰

斷制處大義凜然

此章所以總結七篇前輩以爲即孟子之自序也

德之賊也趙曰言鄉原之人能匿蔽其惡而無仁義之實故不可與入堯舜之道也無德而人以爲有德故曰德之賊也孫曰汙音烏又烏故切論衡定賢篇故曰引作故孔子曰孔子曰惡似而非者惡莠恐其亂苗也惡佞恐其亂義也惡利口恐其亂信也惡鄭聲恐其亂樂也惡紫恐其亂朱也惡鄉原恐其亂德也趙曰莠莖葉似苗佞人詐飾似有義者利口辯辭似若有信鄭聲淫人之聽似若美樂紫色似朱朱赤也朱曰鄉原不狂不獧有似乎中道而實非也故恐其亂德孫曰惡烏路切莠音誘君子反經而已矣經正則庶民興庶民興斯無邪慝矣朱曰經常也萬世不易之常道也常道既復則民興於善而是非明白無所回互雖有邪慝不足以惑之矣

孟子曰由堯舜至於湯五百有餘歲若禹皋陶則見而知之若湯則聞而知之趙曰言五百歲聖人一出天道之常也亦有遲速不能正五百歲故言有餘歲也朱引尹氏曰知謂知其道也今案尹焞孟子解今佚由湯至於文王五

前半歷落數來如崇山複嶺參差磊砢氣象萬千去聖之世四句忽提筆頓挫低徊悽惋收二句蒼茫感喟俯仰上下神味無窮千世之後若有心領神契脗蠁相通者固將旦暮期之矣

百有餘歲若伊尹萊朱則見而知之若文王則聞而知之趙曰伊尹摯也萊朱亦湯賢臣也一曰仲虺是也春秋傳曰仲虺居薛爲湯左相是則伊尹爲右相故二人等德也今案仲虺居薛云云見左傳定公元年史記殷本紀作中𤳳荀子堯問篇作中蘬由文王至於孔子五百有餘歲若太公望散宜生則見而知之若孔子則聞而知之趙曰太公望呂尚也號曰師尚父今案尚書大傳曰文王以閎夭太公望南宮括散宜生爲四友錢大昕潛研堂答問曰大戴禮帝繫篇堯娶於散宜氏之子散宜蓋古諸侯之國散宜生殆其苗裔也由孔子而來至於今百有餘歲去聖人之世若此其未遠也近聖人之居若此其甚也然而無有乎爾則亦無有乎爾趙曰鄒魯相近傳曰魯擊柝聞於邾近之甚也朱引林氏曰孟子言孔子至今時未遠鄒魯相去又近然而已無有見而知之者則五百餘歲之後又豈復有聞而知之者乎朱子曰此言雖若不敢自謂已得其傳而憂後世遂失其傳所以自見其有不得辭者故於篇終歷序羣聖之統而終之以

以此所以明其傳之有在而又以俟後聖於無窮也孫曰然而無有乎爾二句陸本作然而無乎爾則亦有乎爾云孟子意自以當之無乎爾有乎爾疑之也此意以況絕筆於獲麟也

民國初元余讀吳子辟畺孟子評點而憙之以爲勝於劉海峯本因雜取諸家之注綴於其後稿甫脫未及悉校友人即攫以付印殊爲歉然後又見保定翻印本楮墨益惡劣今宋君星五欲更付印因取原書悉心校讎訂其體例正其奪誤凡十餘日始蕆事更屬曹子秩垚覆核一通又是正若干字經此校訂雖未敢遽信爲周密然較勝初印本遠矣惟其中削益既多字體又細印時稍不慎最易致誤是又視校者何如耳民國十年三月二十日霸縣高步瀛識

中華國學叢書

孟子文法讀本

作　　者／吳闓生　評點
　　　　　高步瀛　集解
主　　編／劉郁君
美術編輯／本局編輯部

出 版 者／中華書局
發 行 人／張敏君
副總經理／陳又齊
行銷經理／王新君
地　　址／11494 台北市內湖區舊宗路二段181巷8號5樓
客服專線／02-8797-8396　　傳　　真／02-8797-8909
網　　址／www.chunghwabook.com.tw
匯款帳號／華南商業銀行　西湖分行
　　　　　179-10-002693-1　中華書局股份有限公司

法律顧問／安侯法律事務所
製版印刷／維中科技有限公司　海瑞印刷品有限公司
出版日期／2019年11月台三版
版本備註／據1980年11月台二版復刻重製
定　　價／NTD 400

國家圖書館出版品預行編目（CIP）資料

孟子文法讀本 / 吳闓生評點 ; 高步瀛集解. --
台三版. -- 臺北市 : 中華書局, 2019.11
面 ;　公分. -- (中華國學叢書)
ISBN 978-957-8595-88-0(平裝)

1.孟子 2.注釋

121.262　　108015306

NO.J0008
ISBN 978-957-8595-88-0（平裝套號）